歴史文化ライブラリー
380

老人と子供の考古学

山田康弘

吉川弘文館

目　次

保美貝塚の調査――プロローグ

考古学のアタリとハズレ

遺跡の発掘調査をしていて、住居跡などの遺構を発見することを、考古学研究者は「当たった」という。この「専門用語」の使い方としては、「住居跡に当たった」、「墓に当たった」などがある。また、自身が調査している遺跡から研究上重要な資料が発見された場合や、見込み通りの遺構が検出されたり、遺物が出土した時にも、「遺跡に当たった」という言い方をする。当然、その逆は「はずれた」になるわけで、発掘調査自体がアタリ・ハズレのある、いわば博打《ばくち》のようなものにたとえられてきたということになる。

考古学研究者にとって、自分が選定した遺跡の調査で「はずす」ということは、自身の見込みが間違っていたことを公表するに等しい。したがって、できれば「当たってほしい」と思うものである。私自身も、もし自分が調査するならば、やはり「当たりたい」と思っている。このように書くと、「ハズレの遺跡などはない」、「遺跡や遺物の価値に上下はない」といった批判の声が聞こえそうだ。それはある意味確かにそうなのだが、自身で発掘調査をしたら少しぐらいは遺構や遺物に当たり、そしてそれが新しい知見につながって欲しいというのは、多くの考古学研究者の本音であろう。

実際、発掘調査で何が出るのかということは、掘ってみなければわからないとしか言いようがない。掘った場所が一《メートル》異なっただけで、土の堆積状況がまったく違うこともあるし、三〇《センチ》ずれただけで遺構に当たらなかったということもざらにあるからだ。最近では地下レーダーや磁気探査機などといった機器が開発されていて、あらかじめ発掘をする前に地下にどのようなものが埋まっているのか見当をつけることも可能だが、これとて土に掘り込まれた住居や墓の有無を確実に判断することは難しい。

地下レーダーは、その名の通り地下に向かってレーダー波を照射し、その反射具合から埋没しているモノを推定する機械である。したがって、レーダー波をよく反射するようなモノ、たとえば石や金属などが埋まっている場合には非常に高い効果を発揮するが、一方で人骨などレーダー波を吸収してしまうような資料の場合、その判定は難しくなる。ましてや、土に掘り込んだだけの穴である土坑の検出などには、かなりの困難が伴う。考古学の資料が必ずしも都合良くレーダーや磁気探査機に映るとは限らないため、その効果もケースバイケースとなる。

たとえば、多数の銅鐸と銅矛、銅剣が見つかった島根県神庭荒神谷遺跡《かんばこうじんだに》の場合、銅剣が発見された後に磁気探査機を使用して周辺の遺構の有無を確認したところ、銅剣出土地点の脇から強い反応が確認された。この地点から、新たに銅鐸と銅矛が発見されたということは、考古学研究者の間ではよく知られた事実である。

また、これと反対のこともある。私がとある博物館に勤務していたおりに、人骨が出土するとで著名な国指定史跡の周辺部を発掘調査する機会に恵まれた。その際に地下レーダーを利用して人骨の発見を試みたのだが、博物館前にある駐車場の東側にレーダーに非常によく反応する地点があったため、この地点を調査したところ、そこからずいぶん昔に埋められた建設資材が多量に出てきてしまった。なんだか掘ってはいけない過去をほじくりだしたみたいで、後々まで妙な気分になったものだ。このように、考古学の発掘調査とは、掘ってみなければわからないものなのである。

発掘調査自体が掘ってみなければわからないという、運不運に左右される博打のようなものであるがゆえに、考古学研究者にはよく重要な発見をする「アタリ屋」と、なかなかそのような機会に巡り合わない「ハズレ屋」が存在する。

遺跡や遺構に当たるということが、必ずしも考古学研究者としての優劣に直結するとは限らないが、それでも遺跡に当たらないよりは当たった方が、さまざまな意味で有益である。ましてや、科学研究費などの公的な補助金を受けて行った調査で、「掘ったけど何も出ませんでした」、「ハズレでした」ということは、おそらく許されないだろう。多分、正面切って言った人もいないとは思うが。

大学研究者や自治体の埋蔵文化財担当者が、「アタリ」の遺跡に巡り合い、テレビ・新聞などのマスメディアに取り上げられるようになると、一躍地域の有名人にまつりあげられたりする。調査担当者のなかには、「ミスター○○遺跡」というようなニックネームが付けられて、テレビの特別番組に出演したりする人もいる。しかし、こういった方々に対する学界の評価は、少々複雑である。そもそも日本の考古学界では、フィクサーやプロデューサーあるいはスピーカーといった役割を担ってメディアに露出し、さまざまなところから研究資金を調達して、大人数で大掛かりな研究をまとめようとする研究者よりも、一人でコツコツと地道に研究を重ねるタイプの研究者のほうが好意的に評価される傾向がある。派手な人よりも、職人気質の研究者のほうが大方の受けがよい。私は、前者のタイプの研究者も評価されてしかるべきだと思うのだが、このあたりの感覚は、読者のみなさんにもおわかりいただけるだろう。

保美貝塚の調査

私自身もかなりの数の遺跡の調査を行ってきたが、実は自身の企画する発掘調査で「アタリ」が出たことはほとんどなく、私は自他ともに認める「ハズレ屋」であった。しかし、二〇一〇年度から科学研究費補助金の交付を受けて開始した、愛知県保美《ほび》貝塚における発掘調査では、思わぬ幸運にめぐりあうことができた。

保美貝塚は、愛知県田原市渥美《あつみ》町福江に所在する縄文時代の遺跡である。風光明媚な渥美半島の先端部にある伊良湖岬《いらごみさき》にほど近く、三河湾の開口部付近に位置する。この遺跡は、古くから多数の人骨が出土する縄文時代晩期の貝塚遺跡として著名であり、大正年間（一九一二〜二六）から発掘調査が行われ、その回数は、現在までに判っただけでも一八回を数える。付近には、三〇〇体をこえる人骨が出土した吉胡《よしご》貝塚や、これまた二〇〇体もの人骨が出土した伊川津《いかわづ》貝塚があり、先の保美貝塚とともに「渥美の三大貝塚」と呼ばれている。これらの人骨群は、京都帝国大学教授であった清野謙次《きよのけんじ》をはじめとする人類学研究者たちによってさまざまな角度から形質の記載および研究が行われており、縄文時代の人々を研究する上で欠かすことのできない資料となっている。

しかしながら、これら多くの人骨が発掘されたのは一九二〇年代を中心とした今から一〇〇年近くも前のことであり、調査・記録方法とともに現在の水準からみると決して高いものではなく、むしろ研究を進めて行く上で必要な情報が記録されていないなど、問題点も多い。その後に行われた調査についても、埋葬地点や埋葬姿勢などの記録もないものがあり、考古学的な検討を行うことが難しい資料も存在する。また、考古学ばかりではなく人類学的な情報、たとえばＤＮＡなどの検討についても、出土後に誰が触ったのかわからないような古人骨からのサンプリングでは、他者のDNAのコンタミネーション（混入）の可能性が高くなり、正確なDNAの抽出は難しい。そのため、新しい資料の獲得が模索されることになったのだが、それには新規に人骨が出土する可能性の高い遺跡を調査するという「大事業」を行わなければならず、なかなか実現はしなかった。

ここで「大事業」と書いたが、遺跡を調査するには、資金の調達の他、関係諸機関との調整、発掘作業参加者の確保、宿泊所の選定から、簡易トイレの設置、食事の手配、現地で使用する消耗品の購入、謝金の支払い手続き、地権者の方をはじめとする現地関係者への挨拶回り、見学者への対応など、実に多くの算段をしなくてはならないし、調査後の資料整理まで含めるとかなりの経済的・精神的・肉体的コストがかかる。とても軽い気持ちで言い出せるものではなく、ましてや一研究者が気軽にホイホイとできるものではない。そして、何よりも遺跡をはずしたら大変だ。したがって、それなりのリスクを背負う覚悟が必要なのである。

新たな情報を求めて

私は学生時代より縄文時代の墓の研究を行っており、吉胡貝塚や伊川津貝塚、保美貝塚から検出された東海地方の埋葬例を用いて論文を執筆してきた。また、東海地方の出土人骨には抜歯事例が多いことから、これを基にして当時の社会構造を探ろうとした仮説が提出されていた。その賛否をめぐっては、研究者間で議論が起こっており、私もその一人であった。しかしながら、自身の研究を進める上でいつも突き当たる壁は、個々の人骨の具体的な考古学的情報がほとんど存在しないということであった。正直、これはつらい。研究を行うためには、どのような情報が必要なのか。この点については後で詳しく述べるが、まず挙げられるのは埋葬された時期である。通常は埋葬人骨の周囲からどのような土器が出土したかによって、大体の埋葬時期を知ることができるのだが、残念ながら一〇〇年前の調査では、そのような記録は残されていない。また、吉胡貝塚の調査を行った清野謙次は、自身の著書の中で人骨の出土層位には貝層の上・中・下の三つがあったことを記している。このことは、人骨の埋葬時期が少なくとも三つの時期にわたっていることを指し示しているのだが、清野は人骨の形質にはあまり差がないとして、これを一括りにして取り扱った。同様の記述は、稲荷山貝塚などの調査時にもみることができ、清野自身が時期差を認識しながらも、あえてその点を無視していたことがわかる。

実際、平成一五年と一七年に田原市教育委員会が史跡整備のために行った吉胡貝塚の発掘調査で出土した人骨五体（一体は貝層の上から出土したもの、残りの四体は貝層の下から出土したもの。考古学的には明らかな時期差が存在する）について、炭素一四によるAMS年代測定を実施したところ、貝層の上から出土した人骨は紀元前七三〇〜四〇〇年くらいのもので、貝層の下から出土した人骨は紀元前一五〇〇〜一一九二年頃のものであるという結果が出た。これらの数字からみて、年代測定を実施した人骨が埋葬されたのは、おおよそ弥生時代前期と縄文時代晩期前半くらいの二つの時期に分かれることがわかる。実際には海洋リザーバー効果の有無など、さらに詳細な検討が必要になるが、少なくとも両者の埋葬時期が大きく異なるということは明らかである。時期が異なるものを一緒に取り扱うことはできない。これは考古学の基本である。まして、東海地方においては、居住形態や墓制その他が縄文時代晩期の後半において変化することがすでに知られている。ところが、清野謙次をはじめとする多くの研究者は、これらの人骨埋葬例をすべて一括、同時期のものとして分析を進めてきた。その結果については慎重に取り扱う必要があることも、また明らかであろう。

このことからもわかるように、やはり当時の墓制ひいては社会の研究を推進するにあたっては、既存の資料では限界があり、時期をはじめとするさまざまな情報を有する新規の資料が必要だ。それによって過去の研究成果を修正していかなくてはならない。

幸いにも、研究者として独り立ちできてから一〇年余が経過し、それなりの研究成果を積むこともできた。人類学研究者の方々にも腹を割って相談を持ちかけることのできる人が増えた。機は熟した。そこで二〇〇九（平成二十一）年に、新規の資料を求めて発掘調査を行うことを決断したのである。

まず、はじめに東京大学教授の設楽博己先生（日本考古学）と、京都大学名誉教授の茂原信生先生（形質人類学）にご相談し、私の考えを聞いていただいた。さらには、新規の研究に参加していただく研究者の方々をご紹介いただくとともに、これはという方に声かけをさせていただき、調査チームを結成した。そして、「考古学と人類学のコラボレーションによる縄文社会の総合的研究」というテーマで科学研究費補助金を申請し、学際的な共同研究を開始することになったのである。その際、新規の埋葬人骨資料を得るために白羽の矢が立てられたのが、保美貝塚であった。

同じ田原市内にある吉胡貝塚が、戦後早くから国指定史跡となり、また一部ではあるが伊川津貝塚が県指定史跡となっていた一方で、保美貝塚は古くから著名な遺跡であったにも関わらず、史跡指定を受けていなかった。史跡指定されていないということは、発掘調査が可能であるということになる。実際に現地に立ってみると、遺跡の現状は大部分が畑であり、畑の表面には貝殻や土器が落ちているなど、遺跡自体の保存状態もよいように思われた。私は、まだ新規の資料が入手可能だと思い、保美貝塚の発掘調査を決心した。地元の田原市教育委員会に、文化財担当者として増山禎之さんがいてくださったことも大きかった。増山さんも保美貝塚の現状について心を痛めており、私たちの調査が将来の遺跡保護へ向けての一つのきっかけになればとお考えくださったようだ。また、地権者の方からも快いお返事をいただき、田原市教育委員会をはじめ田原市役所の方々、福江市民館の方々、その他地元の方々の多大なご協力もあり、二〇一〇年の九月に試掘調査を行った。

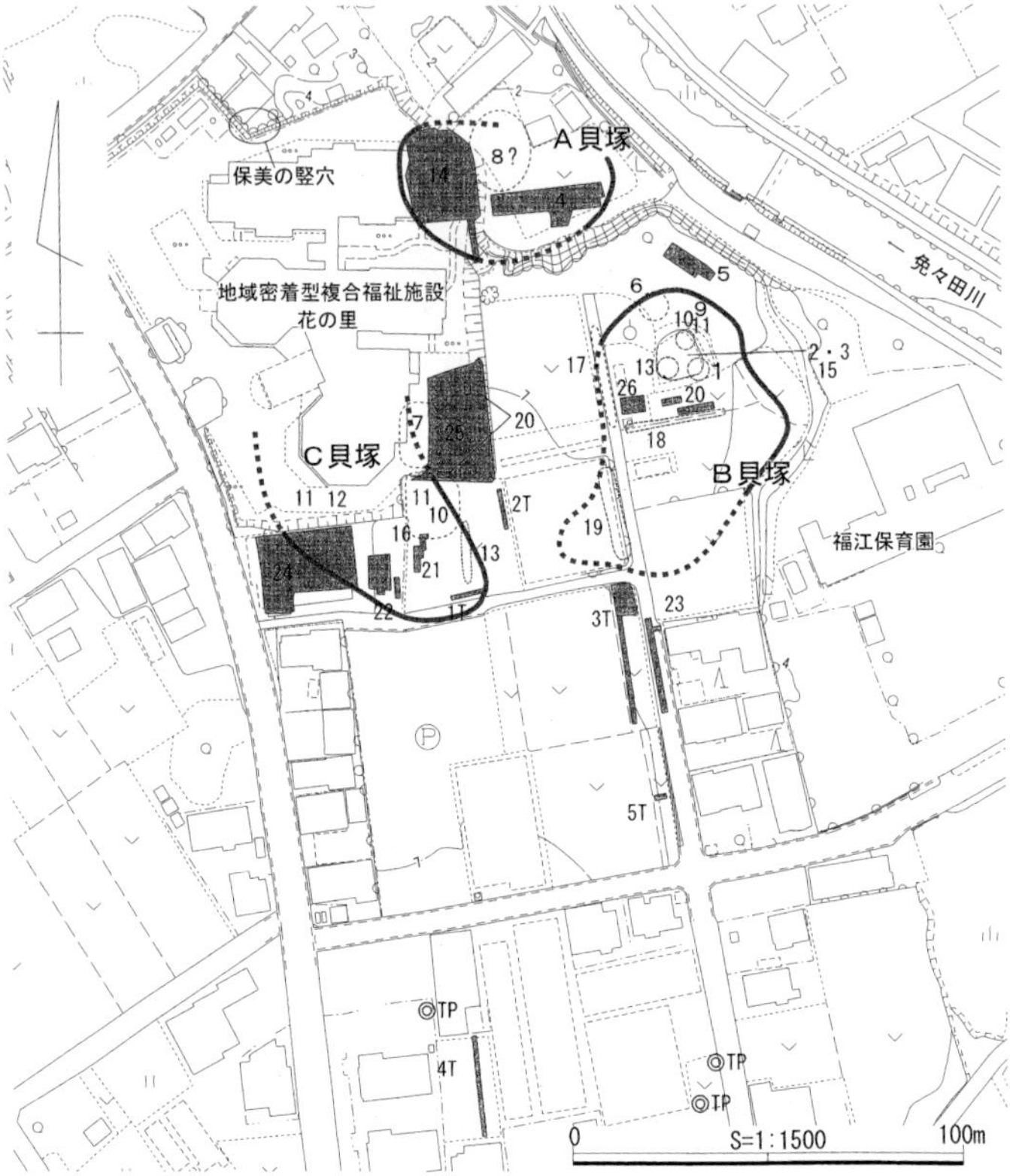

図1　保美貝塚における過去の調査地点（田原市教育委員会提供）
※数字は調査次数．26が本書における私たちの調査地点．

増山さんのご教示もあり、試掘調査では、現在B貝塚と呼ばれている場所（図1）に三ヵ所の試掘トレンチを入れる予定であった。試掘トレンチ一つの大きさは二メートル四方であり、あくまでも貝層が存在するか、地層に攪乱はないかといった、遺跡の残り具合を確認することが目的であった。試掘であったので、共同研究者である茂原信生先生、設楽博己先生ほか数名の学生とともに「少数精鋭」の調査を行ったのだが、最初に調査を始めた試掘トレンチから、いきなり驚くべきものが出土した。

いきなり出たとんでもない埋葬例

私たちが調査した地点では、保美貝塚の地層はおよそ四つに分けることができた。まず、上から表面の土（表土）があり、これは現在の耕作が行われている地層であった。これを一層とした。その下に破砕された貝殻を含む黒茶褐色の地層があり、これを二層とした。この混貝土層《こんかいどそう》からも縄文時代の土器や石器などの遺物が出てくるので、当初は貝層の一部かと思われたが、陶磁器など近現代の遺物も出土するので、過去における耕作土層であると判断した。ちなみに、混貝土層とは貝塚本体の周辺に多い土層で、貝殻の混じった土という意味である。また、貝層中に土が混じっている場合は混土貝層となり、だいたい貝殻と土の比率で、どちらかに名称が決まる。

二層の下に貝殻をあまり含まない締まりのよい黒褐色の土層があり、この土層の上部から土器や石器が出土した。おそらくは本来の遺物包含層であろう。これを三層とした。この三層の上部が耕作などで一部削られて、二層になったものと思われる。三層の下には、小粒な礫を含む黄色く粘性の高い土層があり、これが四層で遺跡の基盤層になる。一九四一年（昭和十六）に行われた長谷部言人《はせべことんど》・酒詰仲男《さかづめなかお》らを中心とする発掘調査の記録では、この四層中に黒い落ち込みがあり、その中から人骨が出土するとされていた（山田　二〇一〇）。一般的に黒色土層中においては、遺構の確認は難しい。したがって、この四層の上面が最終的な遺構確認面になると思われた。

私はできるだけ早くこのような土層の状態を知りたかったので、試掘トレンチ内にさらに一〇センチ幅でサブトレンチを設定し、掘り下げようとした。スコップと移植ゴテを使って、少し深く土を剝がしたところ、その場所からヒトの大腿骨《だいたいこつ》が見つかった。すぐに現場では驚きの声があがったが、たいていは散乱した人骨の一部であることが多いので、この時点では、私はさほど期待はしていなかった。

だが、この大腿骨の輪郭を丁寧に掘っていくと、大腿骨はほぼ完全に近い形で埋まっていたことがわかった。それとともに、大腿骨に重なる形ですぐにヒトの脛骨《けいこつ》が出てきた。どうやら散乱骨ではなく、埋葬人骨に当たったらしい。私は少しホッとした。「これでハズレはないよな」、と。

ただ問題なのは、この脛骨と大腿骨両者の位置関係であった。大腿骨は太ももの骨、脛骨はスネの骨。通常の埋葬人骨であれば、解剖学的にみてこの二つの骨が至近距離から出土してもなんの不思議もない。しかしながら、今回の事例は膝の関節が本来動く方向とは逆に、ほぼ直角に近い

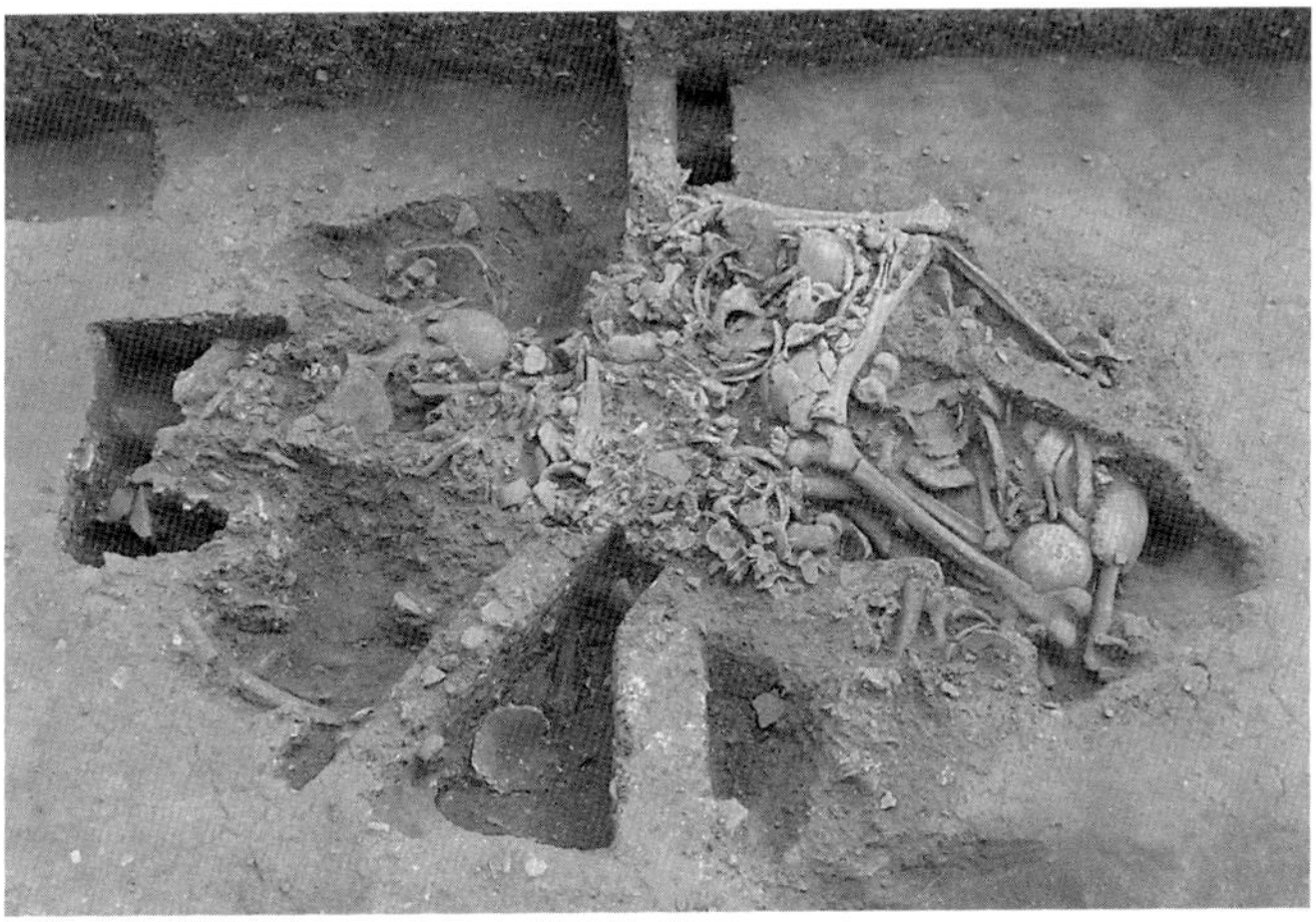

図2　保美貝塚から検出された盤状集骨

形に曲がって二つの骨が出土したのであった（図2）。このことは、人骨が解剖学的に自然な位置関係で埋まっていない、したがって埋葬後になんらかの攪乱を受けているか、あるいは埋葬時に無理矢理膝を逆方向へ折り曲げて埋葬したか、そうでなければ埋葬時にすでに遺体は骨化しており、それを意図的に並べたかのどれかであることを意味している。ちなみに図3は人骨の各部位の名称である。本書ではこれらの部位名称を多用するので、読者の方は骨の名前がわからなくなったら、このページにお戻りいただきたい。

縄文時代の墓が、後世の攪乱、たとえば耕作、建物の建設、新しい墓をつくったなどの原因で、一部あるいは全部が壊されてしまうということはよくある話である。しかしながら、人骨周辺

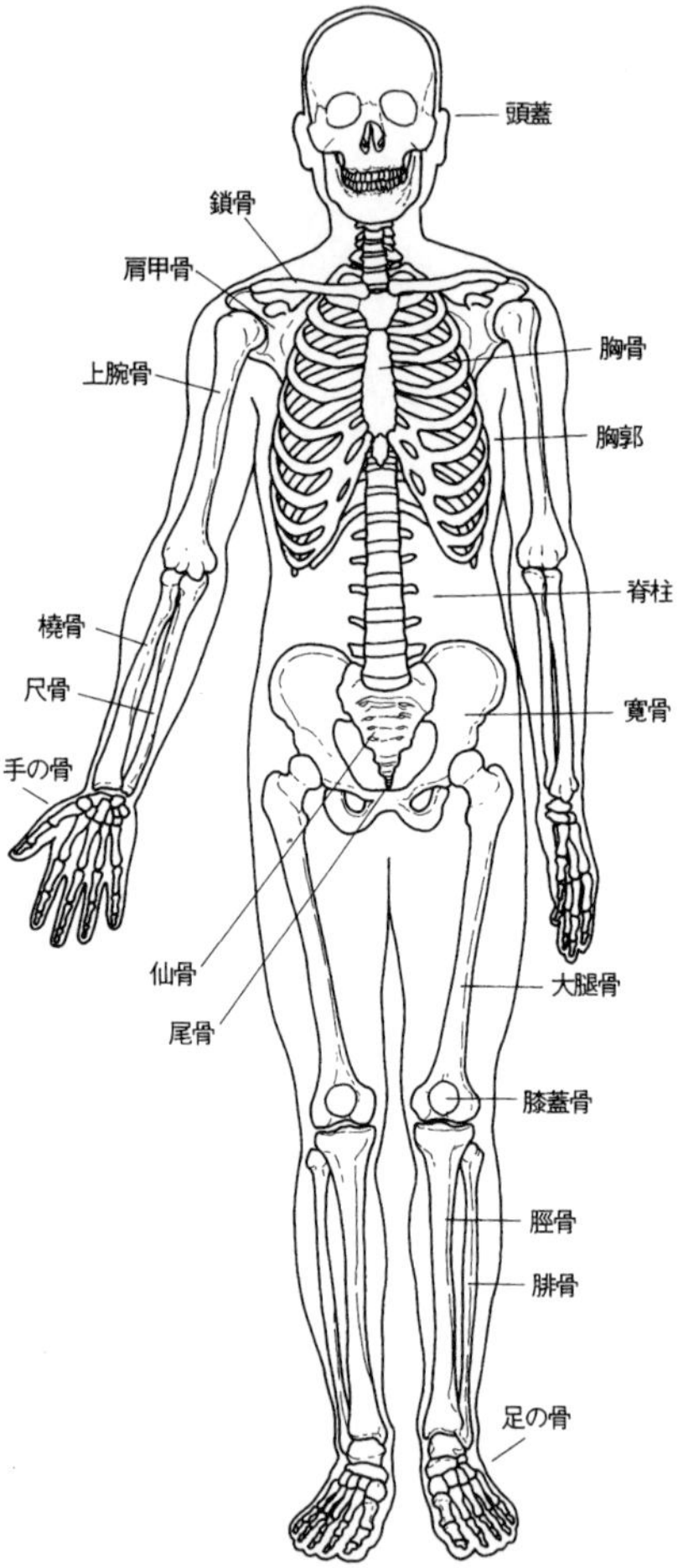

図３　人骨の各部位名称（谷畑美帆・鈴木隆雄『考古学のための古人骨調査マニュアル』学生社，2004より）

の土は締まりがよく、しっかりとしていたので、後世の耕作やゴミ穴の掘削などによる攪乱は考えにくかった。

また、遺体を埋葬する時に膝を無理矢理逆方向へ折り曲げてしまうという事例は、これまであまり見つかっておらず、今回もそのような確率は低いと思われた。残った可能性は複葬例であるということだ。あとで詳しく説明するが、複葬とは簡単にいうと、一度埋葬された遺体を取り出して、さらに少なくとももう一度埋葬し直した事例のことである。埋葬された機会が複数回あったという意味で、私は複葬と呼んでいる。これを二次葬や再葬と呼ぶ研究者もいる。それに対し、埋葬行為が一回のみで終了したものを私は単葬と呼んでいる。単葬か、複葬か。判断のポイントは、遺骨の各部位が解剖学的に自然な位置関係で出土するかどうかという点にかかっている。

ヒトには全部でだいたい二〇六個の骨があり、その場所は厳密に決まっている（先の図3を参照のこと）。今、だいたいと書いたのは、ごくまれに腰の骨が一個多いなどといった人がいるからだ。したがって、単葬例の場合、当然ながらその人骨は骨格相互の解剖学的な位置関係を保った形で出土する。この時点で、私の頭の中には「もしかして、まさか」という思いがよぎった。

さらに脛骨の輪郭をたどりながら土を除去していくと、脛骨の下から、これと組重なる形で直角の方向に置かれた、もう一本別の大腿骨が出てきた。これで、ヒトの脚の骨が少なくともカタカナの「コ」の字形に組み合わされて並べられていることがわかった。私たちは興奮した。「間違いない、これは盤状集積《ばんじょうしゅうせき》だ。とんでもないものが出やがった」と、正直思った。

二八年ぶりの盤状集骨葬

盤状集積とは、京都帝国大学医学部教授であった清野謙次が命名した、埋葬方法というか、縄文時代の奇妙な風習である（図4）。清野は、愛知県吉胡貝塚をはじめとして日本全体でおよそ一〇〇〇体を超える人骨を発掘したが、その中にはこのような奇妙な事例も含まれていた。これは、手の骨（上腕骨・尺骨《しゃっこつ》・橈骨《とうこつ》）や脚の骨（大腿骨・脛骨・腓骨《ひこつ》）といった四肢骨を四角い形（カタカナの「ロ」の字）に配列し、その四角の

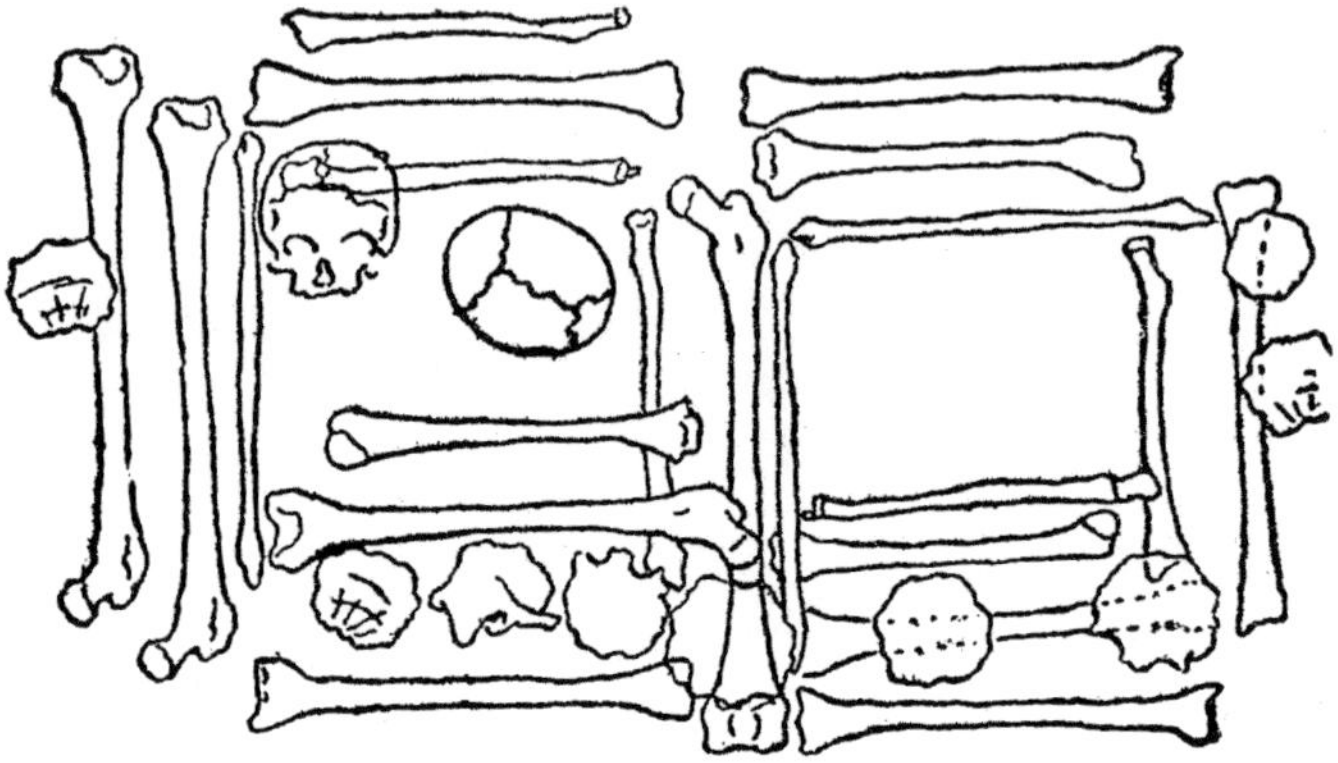

図4　吉胡貝塚で見つかった人骨の盤状集積（清野1924より）

中に寛骨《かんこつ》や肋骨《ろっこつ》、下顎を置き、角の四隅に頭蓋《とうがい》破片を置くといった、非常に珍しい複葬の方法である。清野は「人骨の盤状集積」という言い方をしているが、その後の検討から私たちは同じものを「盤状集骨（葬）」と呼んで、縄文時代の埋葬方法（葬法）の一つとして捉えている。

もし、盤状集骨葬例であったとしたら、一九八三年に伊川津貝塚で見つかって以来、およそ二八年ぶりの出土ということになる。とても一週間程度の試掘で調査できるものではない。私たちは、この盤状集骨葬例を十分に保護処置をした上でいったん埋め戻すことにして、その年度の冬にもう一度調査を行うことにした。この段階で、他の二ヵ所の試掘トレンチの調査については、私の頭の中から飛んでしまっていた。

翌年の二月にもう一度発掘調査を行ったところ、この盤状集骨葬の下におよそ一〇体分の人骨が複雑に積み重ねられていることがわかった。このような事例を、私は多数合葬・複葬例と呼んでいる。あるいは人骨集積と呼ぶ研究者もいる。いずれにせよ、最初に見つかった盤状集骨葬は、人骨集積の一部であったということになってくる。さらに、この人骨集積の最上部に置かれた盤状集骨葬は、「ロ」の字が二つ合わさった「日」の字形の二連のものであることもわかった。過去の確実な記録による限り、このような事例は一〇〇年ほど前に吉胡貝塚で出土したものくらいしか確認されていない。また、この盤状集骨葬の横には焼けた人骨がまとめられており、その上に大型の土器破片が被せられていた。そして、この人骨集積の最下層部からは、再び二連の盤状集骨葬が出土した（図5）。つまり、墓穴として掘った土壙の底に二連の盤状集骨葬例が置かれ、その上に多数の人骨が載せられ、さらにその上に再び二連の盤状集骨葬例と焼骨と大型土器破片が載せられるという多重構造となっていたのである。このような事例は初めてであった。結局、この人骨集積を完掘するには、都合六回の発掘調査が必要となった。

新たな土坑墓の検出

また、先の盤状集骨葬例の北側からは、今度は単独で単葬された埋葬人骨が確認された。それは頭を東に向け、かなり強く膝を曲げた仰《ぎょう》臥《が》屈葬《くっそう》の姿勢で埋葬されていた。頭の形と骨盤の形状は、この人骨が男性であることを示していた。狭い土壙の中で壁に背中をもたれかけた彼の頭部は、首の部分（頸椎《けいつい》）から外れて、腹部に落下していた（図6）。また、下顎は上顎とは別の場所に落ちていた。このことは、遺体が腐敗した段

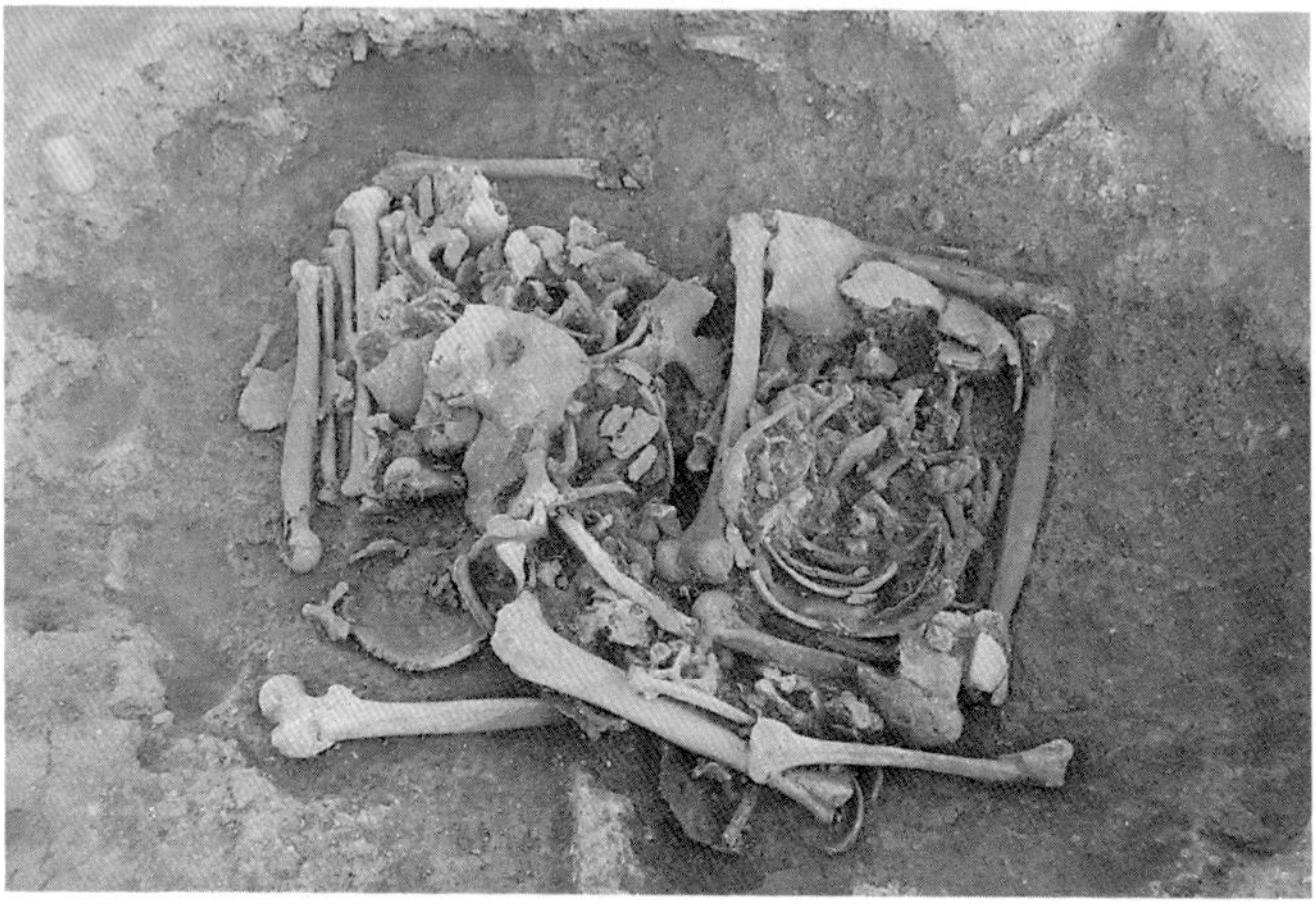

図５　最下層から見つかった盤状集骨

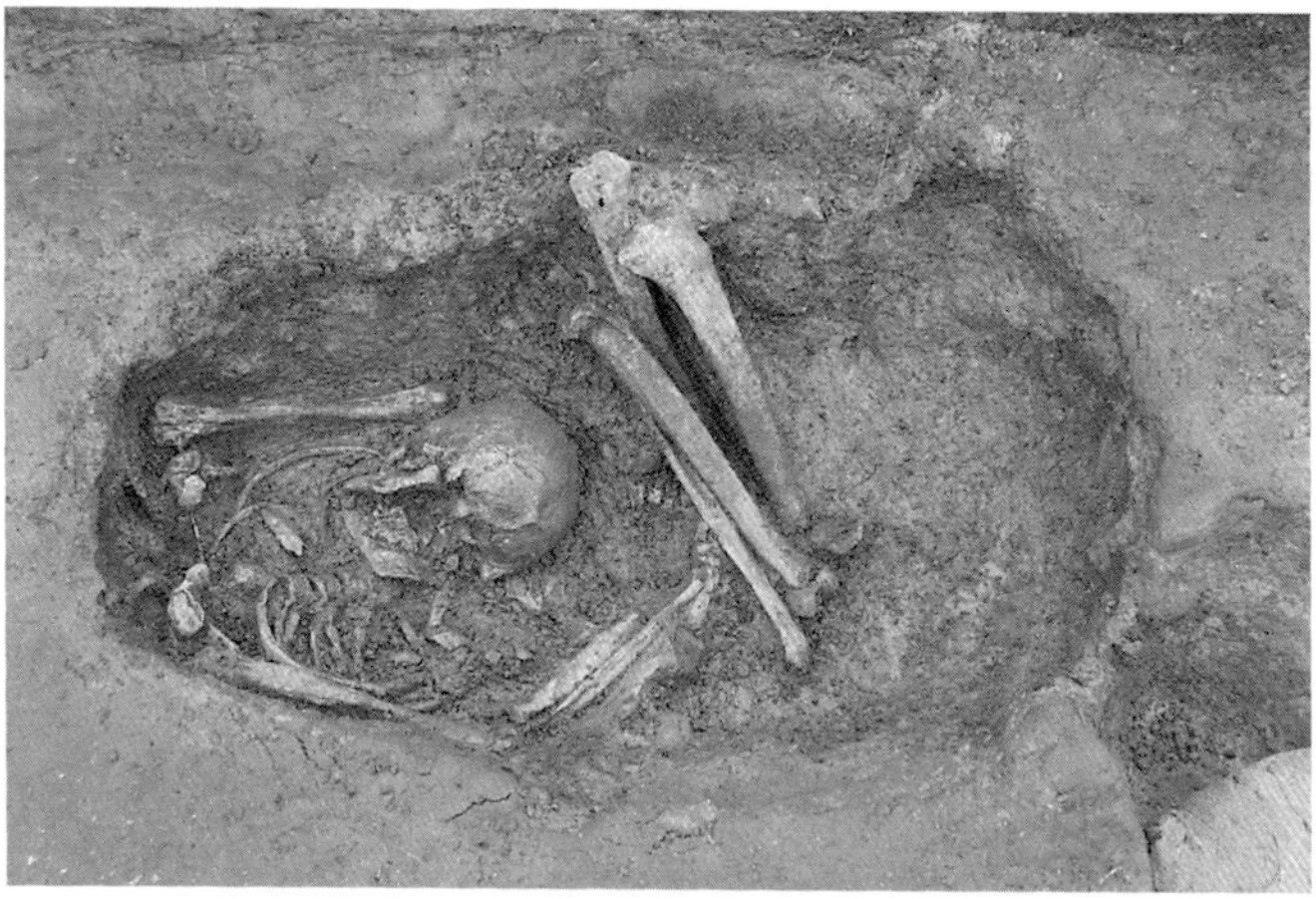

図６　保美貝塚から出土した単独・単葬例

階においても腹部に空間が存在したことを示している。このような事例は木製の早桶《はやおけ》などを使用する近世の埋葬例に多いのだが、縄文時代の事例では木の棺桶などは考えにくいので、おそらく植物繊維などで編まれた袋や毛皮の袋などに入れられて埋葬されたのであろう。袋状のものに入れられて屈葬されれば、ちょうど腹部付近に空間ができる。埋葬された時期が夏場だとしたら遺体の腐敗は急激に進行するから、まずは下顎が落下し、続いて頭部が落ちたと考えてよいだろう。縄文時代の土坑墓全体から見れば、このような事例はきわめて稀なものである。

上下顎の歯の観察をしたところ、本例が上下左右の犬歯を除去していることがわかった。これは、春成秀爾が提示した抜歯型式の分類でいうところの2C型に相当する（図7、春成　一九七三）。先の盤状集骨葬例の中から見つかった複数の下顎骨にも左右犬歯の抜歯が確認でき、同じく2C型であった。どうやら私たちは、2C型抜歯をした人々が選択的に埋葬された場所にあたったらしい。

さらに注目されたのは、ちょうど骨盤の右側、橈骨と尺骨に接する形で鹿角製の腰飾が佩用《はいよう》されていたことであった（図8）。春成の研究によれば、このような腰飾は基本的に下顎の左右第一・二切歯を除去した4I型抜歯の人々が多く佩用しているとされていた。保美貝塚から見つかった事例は2C型であり、その点に齟齬をきたしていた。また、一方で図8のような形をした腰飾は、近接する吉胡貝塚からはしばしば見つかっているが、保美貝塚からは初めての出土であっ

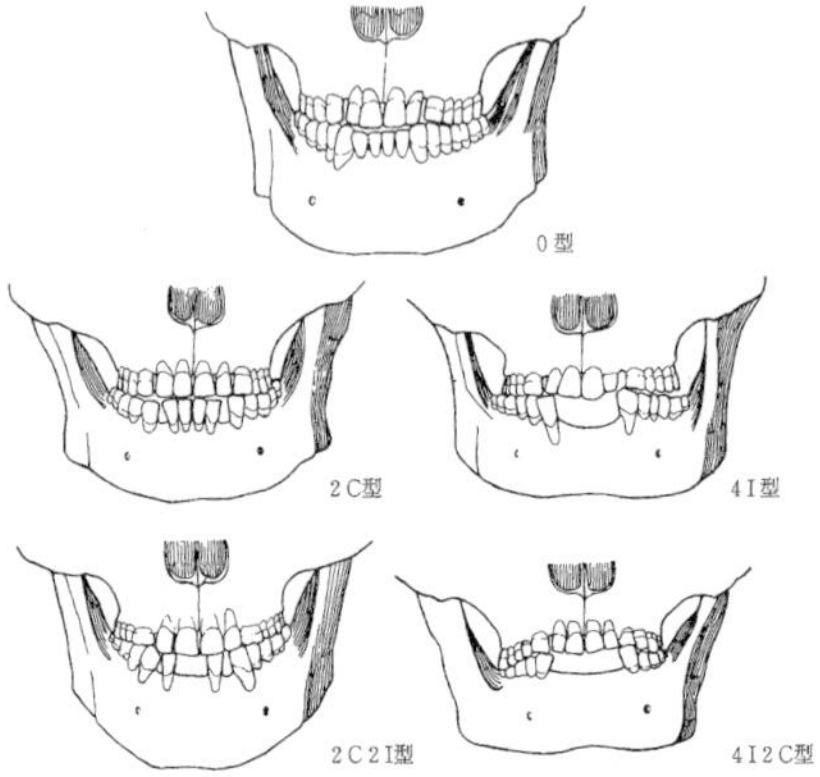

図7　春成秀爾が示した抜歯系列（春成秀爾『縄文社会論究』塙書房，2002より）

図8　人骨に伴出した鹿角製腰飾り

た。

人骨の上半身には、薄いながらも赤色顔料を散布した痕跡が認められた。抜歯型式や腰飾の佩用なども合わせて考えると、どうやら被葬者は特別な人物だったらしい。いったい何者だったのか、興味は尽きない。

「老人」への再接近

また、人骨の背骨には高齢者にしばしば観察されるリッピングと呼ばれる骨病変が観察された。このような加齢、すなわち老化による骨変形は肩の関節など全身のいたるところで見受けられた。この単独・単葬例の人物は、それなりに高齢者であったに間違いない。そう思ったときに、数年前に発表したある論文のことを思い出した。それは「『老人』の考古学―縄文時代の埋葬例を中心として―」というタイトルのもので、日本各地における高齢者の埋葬例の扱われ方を検討したものであった（山田　二〇〇六）。

以前、私が縄文時代の「老人」について研究をまとめた時、当時の老年期の人々が、壮年・熟年期の人々と比較して簡素な扱いを受けていることに気がついた。大昔の人々は「老人」を大切にしていたというイメージがあったので、これは少々意外であった。それ以来、縄文時代の「老人」たちについて考え続けてきたのだが、今回保美貝塚から出土した人骨はさらなるヒントを与えてくれそうだった。

見つかった幼児の骨

盤状集骨葬の中からも、思いがけないものが出土した。それは三歳くらいの子供の骨であった。私が過去にまとめた研究によれば、このような幼児は多数合葬・複葬例にはあまり入れられないはずであった（山田　一九九五）。また一つ考えなければならない課題が出てきた。

こうして私たちが行った保美貝塚の調査からは、三歳くらいの子供から六〇歳くらいの「老人」を含めた、老若男女の人骨が出土した。そのあり方は、私がこれまで想定していた縄文時代の子供や「老人」のあり方とはいささか異なっていた。どうやらもう一度、「老人」と子供たちについて検討する必要があるようだ。

老人と子供の考古学

保美貝塚の調査・研究はまだ始まったばかりだ。考古学的な分析だけではなく、同位体分析による食性や人の移動に関する研究、DNAに関する研究などをあわせると、その結論を得るのは数年先のことになるだろう。しかしながら、それまでの間に縄文時代の「老人」と子供について、考古学的な検討を加えておくことは可能だ。

また、老人と子供という語は、現代社会における諸問題を語る際のキーワードでもある。日本の基層文化でもある縄文文化において、高齢者と子供が歴史的にどのように捉えられてきたのかという本質的問題を明らかにすることは、とりもなおさず両者を取り巻く現代的な課題の原点について言及するということに他ならない。ということは、縄文時代の研究が現代社会における解決すべき課題に対してコミットできるということでもある。

このような観点から、本書では縄文時代の墓制について概論的な記述を行うとともに、縄文時代の「老人」と子供を通して、縄文時代の人々の社会や精神文化について考えていくことにしたい。さながら、「老人と子供の考古学」の提唱である。

なぜ墓を研究するのか?

考古学とは何か

説明することの大切さ

一般の方向けの講演会などで話をすると、しばしば考古学の専門用語はわかりにくいと言われることがある。これらの用語には、石包丁《いしぼうちょう》や石匙《いしさじ》など、本来の用途とは異なった名称がついてしまったものや、遺構や遺物、土坑やピット、遺物包含層、覆土《ふくど》、古墳の前方部、土器の口縁部や文様帯などの言葉をはじめとして、外来語をそのまま学術用語として持ち込んだテクニカルターム（これ自体が難しい言葉か?）、たとえばヒンジフラクチャー（蝶番剝離《ちょうばんはくり》、といっても今では蝶番《ちょうつがい》という言葉そのものが死語ですね）やウトラパッセ（割れ過ぎ）、シェーン・オペラトワール（ごくごく簡単にざっくりいうと、石器の製作工程の復元）、バイポーラ・テクニック（両極打法と言われてもねぇ）などが含まれる。これらの用語は、考古学研究者が研究者同士の会話や論文中で普通に使うものなのだが、一般の方にはやはりなじみがないようだ。

確かに、考古学における研究成果を一般の方にわかりやすく説明することは、時として非常に難しい。特に抽象的な事象、たとえば精神文化などを説明するときは、かなり噛み砕きながら話をしないと、なかなか理解してもらえないこともある。私自身も、これまでにしばしばそのような状況に遭遇してきた。しかし、理解してもらうのが困難だからといって、説明しなくてよいということには、絶対にならない。必ずしも直接的にGNP（国民総生産）を押し上げるような経済生産に結びつくことのない、あるいは人命に直接関わることのないことをもって、「無用の学問」と言われることすらあるこの分野（決してそんなことはないのだが、その点を自身の言葉で説明することのできる研究者はあまりに少ない）を研究する者、特に少なからぬ税金が投入されている公的機関に属する研究者は、できるだけ多くの方々の目に触れる形で自身の研究成果を公表し、それがどのような学問的意義を持ち、そして現代社会においてどのような意味を持つものであるのか説明する義務がある、と私は思う。いきなり縄文土器を指差して、「これは今から一万年前のものです」とか、石器を見せて「縄文時代の人々はこのような石の道具を使っていました」、あるいは「イノシシやドングリを食べていました」と単に事実の説明をするだけでは、現代社会に生きる人々に対して、知識を付加する以上の、おそらく何の意義も持たないだろう。そのような事実を組み合わせ、そしてそれをもとにして過去の歴史を描き、さらにその内容を現代社会において意味付け、説明することができて、はじめて考古学という学問の有用性を語ることができるのだと、私は考える。そうでなければ、考古学は単なる物好きたちの好古趣味にすぎないと言われ続けるに違いない。これは考古学にとって大きな問題なのだが、そのような危機感を持っている研究者は、大学・行政を問わず、はたしてどれくらいいるだろうか。日本考古学協会にて毎年開催されている図書交換会が、情報発信・交換の場ではなく、他者を寄せ付けない同好の志が集まるいわゆるコミケ（同人誌即売会）とだぶってみえてしまうのは、私だけではないはずだ。かつて国立歴史民俗博物館の館長をされていた佐原真先生は、「考古学をわかりやすく」と言われていたが、現在のように土地開発が少なくなり、合わせて発掘調査件数も激減しているような時期にこそ、その精神が必要ではなかろうか。

戦前における考古学の定義

日本おける真に学術的な考古学研究の開始は、E・S・モースによる大森貝塚の発見と発掘調査、およびその調査報告書の作成と刊行にあると、考古学の研究史ではいわれている。時に一八七七年、明治十年のことである。日本という国が近代国家を目指して歩み始め、そしていまだ西南戦争《せいなんせんそう》の痕跡がそこかしこに残っている時期だ。それから一七年後、日清戦争の最中の一八九四年に、東京帝国大学教授であった坪井正五郎《つぼいしょうごろう》が行った考古学の定義は、以下のようなものであった。

「考古学の目的は古物遺跡を基礎とし、傍らに口碑史伝を参考に用い、古代人民の状態を考定するに在るのです」（坪井　一八九四）。

この坪井の定義は、日本に考古学が紹介されてからまだ間もない時期のものであるだけに、当時の人々がどのように考古学を捉えていたのかがわかる興味深い言説である。ちなみに、坪井は一八九二年に帰国後、直ちに理科大（東京帝国大学）教授に任命され、日本初の人類学教室を主宰した。また、一八八四年には白井光太郎らとともに「日本人類学会」（当時は「人類学会」）を設立したことでも知られる。坪井は遺物や遺跡だけではなく、伝承や古文書といった民俗学的視点や文献史学の成果も参考にしながら研究を進めるというスタンスを、この段階で打ち出していた。そのあり方は、まさに初期の「東京人類学会報告」や、「東京人類学会雑誌」誌上に掲載された考古・人類・民俗・伝承・金石文などの論文の多彩さからも知ることができる。このような方向性に対してはさまざまな批判もあったようだが、坪井のいう考古学が、今日の学際的観点を含んでいたことは興味深い。

坪井の定義から四年後の一八九八年には、日本初の本格的な考古学概説書である『日本考古学』が刊行された。著者の八木奘三郎《やぎしょうさぶろう》は、この中で考古学を次のように定義している。

「考古学は遺跡・遺物を基礎として或る時期の間に事物の変遷発達せるさまを科学的に推究する学問なり」（八木　一八九八）。

「事物」の時間的変遷・発達を推究するという視点は、その源流をたどれば、おそらくダーウィンの進化論の影響を受けたものであろう。特に八木は、茨城県陸平《おかだいら》貝塚から出土した土器を「陸平式」、大森貝塚から出土した土器を「大森式」として、茨城県椎塚《しいづか》貝塚や千葉県阿玉台《あたまだい》貝塚における発掘調査成果をふまえ、この二つの土器型式を時期的前後関係として把握するという、画期的な研究を発表していた。このことは土器型式の時期的共存を前提として、鳥居龍蔵《とりいりゅうぞう》が土器型式の差を生業形態の異なる部族差と捉えたことと対照的であり、いまなお「考古学における『型式』とは何か？」という概念の検討にしばしば登場する研究史的事象である。二〇世紀初頭の段階で、「事物」の変遷を追うという視点が提示されていたことは注意しておいてよい。

また、京都帝国大学に日本で初めて考古学研究室が開設された際、その初代教授となった濱田《はまだ》耕作《こうさく》は、考古学の概説書として名高い『通論考古学』の中で次のように述べている。

「考古学は過去人類の物質的遺物（に拠り人類の過去）を研究するの学なり」（濱田　一九二二）。

大変にシンプルな定義である。しかし、シンプルなだけに奥深い。この定義は戦前における代表的なものであろうが、私が大学で考古学を本格的に学び始めた一九八〇年代半ばにおいてもこの定義はまだ「生きて」いた。考古学概説の授業で、これを教わった記憶がある。授業終了後に、当時雄山閣から刊行されていた復刻版『通論考古学』を購入して、該当箇所を読み返し、わからないながらも考えたものだ。ちなみに、先日出身大学へ非常勤講師として赴く機会があったのだが、学生たちに『通論考古学』や濱田耕作に関する質問をしても、知らないと答える学生のほうが多かった。現在の考古学教育において、研究史が等閑視されている証拠であろう。

さて、これらの定義は、戦後民主主義の世の中になってもさほど大きくは変わらなかった。たとえば、太平洋戦争終結から六年後の一九五一年（昭和二十六）に『考古学事典』を編纂した酒詰仲男《さかづめなかお》・篠遠喜彦《しのとおよしひこ》・平井尚志らは、考古学を以下のように定義している（酒詰他編　一九五一）。

戦後における考古学の定義

「過去から現在まで残された、遺跡遺物を資料として人類過去の文化を研究する学問」。

文化を研究するという部分に酒詰らの新しい視点が含まれるのであろうが、大部分は濱田の定義に准じたものであろう。

それから半世紀を経た二〇〇二年（平成十四）に、田中琢《たなかみがく》は『日本考古学辞典』の中で考古学を次のように定義した（田中　二〇〇二）。

「遺跡・遺構・遺物（以下、考古資料）から過去の人間活動とその舞台になった環境に関する情報を抽出、収集し、それによって歴史の再構築を試みる学問分野」。

田中の定義では、考古学をヒトの活動とヒトが生きた環境に焦点をあて、そこから歴史の再構成を試みるものとした。これは低地遺跡などの調査によって明らかになってきた、当時の古環境復元の成果をふまえたものであろう。単に過去を研究するというのではなく、歴史の再構成を試みる学問分野という部分が特徴的である。

外国の研究者の場合、たとえばヨーロッパ考古学の泰斗であるV・G・チャイルドは、『考古学の方法』（チャイルド　一九六四）の中で、こう述べている。

「考古学は、人間の行為に基づく物質界のあらゆる変化を――遺存する場合に当然限られるが――研究する。考古学資料を構成するものは「化石」となった各種の人間行動であるが、できる限りその行動を復元し、そこに記された思想を再現する事が考古学者の仕事となる」。

残された資料から、当時の人々の行動と思想を復元することが、考古学者の仕事であるというわけだ。そして考古学とは、人が関与したもの全てを研究対象とするとしている。この点について異論を唱える研究者はおそらくいないだろう。

これに対して、プロセス考古学者であるJ・ディーツはやや異なった定義を行っている。ディーツは『考古学への招待』の中で、次のように述べている（ディーツ　一九八八）。

「考古学者は過去の物質文化を発掘する人類学者で、その研究をとおして最古からの人類の歴史を再現し、世界中の各時代・各地域の文化体系を探ろうとする。考古学はこうした点で歴史学とも類似しており、その目的は過去の出来事の結果と現在の人間のつながりを復元することにある」。

考古学は人類学であり、考古学者は過去が現在にどのようにつながっているのか考えなくてはならない、ということだ。考古学が人類学かどうかという点については一議論あるが、それはともかくとして、過去と現在のつながりを意識するという点に、私は共感を覚える。

上記の研究者による定義の中に出てきた言葉をピックアップしてみると、「人類の過去」・「物質的資料」・「遺構・遺物・遺跡」などが挙げられる。これらの語句は複数の研究者の定義にも出てくる言葉であるから、考古学の本質を言い表しているものであると考えることができる。これらの言葉について、今少し細かく見てみよう。

現在のところ知られている最も古い人類化石は、アフリカのチャドから発見されたサヘラントロプス・チャデンシス（トゥーマイ猿人）と呼ばれるものであり、その生息時期は今から約七〇〇万年前とも六五〇万年前ともされている。考古学がヒトを対象とする学問である以上、考古学が扱う「過去」とは、ヒトの生きてきた時間幅そのものであるから、考古学では、人類誕生から今現在までのおよそ七〇〇万年間にもわたる非常に幅広い時間を、その研究対象とすることになる。だから、ホモ・エレクタス（原人）の考古学が成り立つ一方で、「昭和」の考古学も成立する。また、重ねていうまでもないが、考古学の対象はヒトであるので、恐竜・三葉虫などの化石は対象外である。これらの研究をしたい人は、まよわず古生物の研究室に行きましょう。

考古学が扱うモノ

では、考古学が取り扱う物質的資料とは、いったい何を指すのであろうか。

この答えは、基本的に人類と関わりのある質量のあるものすべて、ということになる。人間に関わりのある物質は、すべて考古学的な資料となりえる。土器や石器、金属器といったものはもちろんのこと、現在ではヒトやイヌの排泄物や食べ残した動物の骨、利用した植物に含まれる珪酸体（プラントオパール）や花粉、昆虫の死骸など、当時の人々が生活した環境を指し示す資料はすべて、考古学の研究対象となる。先の田中琢の定義が、このあたりを意識したものであることはいうまでもない。したがって、考古学の対象範囲は時間・資料ともに非常に幅広いものである、ということができよう。逆に質量のないもの、たとえば音や話し言葉、雰囲気などといったものは、物質ではないので対象とはなりえない。

ちなみに先の定義にも出てきた遺構とは、本来は地上や地下等に設けられた構築物であり、埋没するなどして現在は使用されていない、機能していないもののことである。大地に密着し、移動させることができないという特徴を持つ不動産であり、具体的には住居跡・墓・溝などの他、ヒトや動物の足跡・柱が腐朽後に残る柱穴等もこれに含まれる。

ついでながら遺物とは、基本的には人の手によって加工されたモノ（人工品）のことで、原則として手に持って運ぶ事ができる動産を指す。具体的には、土器・石器・青銅器・鉄器・木製品・骨角製品などである。また、当時の人が食べた食料残渣、たとえば動物の骨、植物の殻なども立派な遺物である。近年では、当時の人々の生活環境を知るために遺跡の土壌から採取された、花粉・植物珪酸体・昆虫遺骸・寄生虫卵なども遺物に含めることがある。道具などの加工品以外のこの手の種類の遺物を、特に自然遺物ということがある。

遺構や遺物の存在する場所が遺跡である。遺跡とは、人間の活動の痕跡が残っている場所であり、それは遺構および遺物の存在、ないしはそのどちらかの存在によって確定される。

では改めて、考古学とはどのような学問なのであろうか。先にさまざまな研究者の定義を示しておいたが、私自身はこれら諸賢の定義をふまえて、次のように考えている。

「考古学とは、物質的資料を用いて人類の過去を研究し、その歴史を再構成する学問である」。

田中琢の定義にもあったが、この歴史を再構成するという部分が重要だ。事実を調べ、それを時間通りに並べただけでは歴史とはならない。それによってヒトの社会や生き方をどのように理解することができるのか、この点に関する考察こそが、好古趣味を学問として昇華させるために必要だ。常に新しい研究成果によって、従来の歴史を書き換える、再構成すること。それによって人の来し方、往き方を考える。これこそが、考古学を含めた歴史学の任務であろう。

墓の考古学

では、なぜ墓を研究するのか。その問いに答える前に、上述した点をふまえながら、墓とはそもそもなんなのか、考えてみよう。

埋葬を行う動物、ヒト

死を悼み、遺体を埋葬するということは、どうやらヒトのみにみることのできる行動らしい。少なくとも、ヒトと遺伝子的距離の最も近い大型霊長類であるチンパンジーは、死というものを認識できていないようであるし、ましてや埋葬を行うということはないようだ（保坂他　二〇〇〇）。

これについては、いくつかの反論がある。たとえば、動物行動学者のC・モスは、アフリカゾウが死を嘆き、遺体に木の枝などを乗せるという行為を報告している（Moss 1988）。しかし、たとえゾウが、活動の不可逆的停止という意味で死を認識することができたとしても、それに付随する行為が本当に嘆き悲しんでのものなのか、ましてや小枝を乗せるという行為が繰り返し観察できるものなのか、多くの疑問が残される。私が子供の頃には、よく「ゾウの墓場」の話がものの本に載っていたが、どうやらそれは大量の象牙を集めた密猟者たちの言い訳にすぎなかったようだ。

また、霊長類学者のJ・グドールは、母親が死亡した子供のチンパンジーが背中を丸めて悲しそうな表情をし、心身が不調になったということを報告しているが（グドール　一九九〇・一九九六）、それも見方によって解釈が異なる性質のものであるし、たとえ悲しみという感情を認めたとしても、それが埋葬につながったという事例は存在しない。チンパンジーだけでなく、ニホンザルも埋葬を行わずに、遺体をそのまま放置するし（水原　一九八八）、ヒト以外の哺乳類においても、これまでに埋葬を行うという報告はなされていない。したがって、埋葬を行い、墓をつくるという行為は、ヒトのみが為しうるものであると考えてよいだろう。

しかし人類史的な観点からみると、ヒトが埋葬を始めたのはさほど古いことではないようである。ホモ・ネアンデルターレンシスは埋葬を行ってはいたが、その内容はいたってシンプルなものであり、そこから遺体を隠すという意味以上のものを読み取ることは難しい。First flower people として有名な、イラクのシャニダール洞窟における花の副葬例（ソレッキ　一九七七）についても、近年では批判的に扱われることが多く（ストリンガー・ギャンブル　一九九七など）、研究者によっては副葬品の存在すら認めない場合もある。それだけ、明確な証拠が存在しないということであろう。この点については、現在でもまだ議論が続けられている（Pettitt 2010など）。

ところが、およそ二〇万年前に出現したとされるホモ・サピエンスは、ホモ・ネアンデルターレンシスとは異なり、さまざまな品物を墓に入れて副葬したり、赤い顔料を遺体に振りかけたり、複数の遺体を合葬したり、一度埋めた遺体を掘りだしてさらに埋め直したりと、非常に多様かつ複雑な埋葬を行っている。なぜ、ホモ・サピエンスはこのように複雑な埋葬を行うことができたのか。その理由として、多くの研究者は、ホモ・サピエンスが抽象的思考能力、認知能力、言語能力等において非常に優れていたという点を指摘する（ストリンガー・マッキー　二〇〇一、海部二〇〇五など）。確かに数々の装身具や洞窟絵画、人物像、動物像などの精神文化の高揚に関すると思われる考古学的証拠は、ホモ・サピエンスの登場以降に爆発的に増加する。埋葬も精神文化の発達と無関係ではない。人類史的にみた場合、多様な埋葬行為は、ホモ・サピエンスのみにみることのできる複雑な思考の産物なのである。

多様かつ複雑な縄文時代の葬法

現在の日本列島の領域にヒトがやってきたのは、古く見積もって今から四万五〇〇〇〜四万年程前の後期旧石器時代のこととされる。彼らは現代に生きるわれわれと同じ、ホモ・サピエンスであったと考えられる。日本ではこの時期の墓の事例が少なく、あまり多くを語ることはできないが、ロシアのマリタ遺跡やスンギール遺跡など、世界各地における多様かつ複雑な埋葬例からも推定されるように、後期旧石器時代の人々は埋葬に関して、さらには墓に象徴される死に関して、非常に複雑な思考を有していたと思われる。これらの事例よりも時代的に後出し、かつ同じホモ・サピエンスである縄文時代の人々も、当然ながら死に関して複雑な思考体系を持っていたはずであり、その発現の一端である埋葬も、縄文時代当初から複雑な文化的背景を持つものであったに違いない。このことは縄文時代草創期の墓が、副葬品や遺物の散布などにおいてすでに多様なあり方を示していることや、続く早期の愛媛県上黒岩岩陰遺跡や大分県二日市洞穴遺跡などにおいて、複雑な埋葬プロセスが必要とされる、多数合葬・複葬例が確認されていることからも支持されるだろう。

縄文時代の葬制・墓制・葬法・墓を考えるにあたっては、まず縄文時代の人々がわれわれよりも思考能力の劣った原始人であるというステレオタイプ的な発想を棄却し、彼らが現代の我々とほとんど変わらぬくらいに、複雑なコスモロジーを持った人々であったという認識からスタートする必要がある。そうでなければ、縄文時代における多様かつ複雑な墓や葬法のあり方と、その背後に存在した思考を読み解くことはできないだろう。これまでの研究史上において、特殊な埋葬例として取り上げられてきた抱石葬《だきいしそう》や甕棺葬、甕被葬《かめかぶりそう》、盤状集骨葬などの多様な葬法は、まさに複雑な思考の産物なのである。

また葬制・墓制は、地域や時期によって特徴的な葬法が出現したりするなど、多様なあり方をすることもわかっている。主要四島のみでさえ、その差渡しが約二〇〇〇キロにもおよぶ日本列島においては、気候や動植物相が地域によって大きく異なる。近年の花粉分析や植物遺存体などの分析結果は、日本列島各地における環境が、いかに多様なものであったのかということを指し示している（辻　二〇〇〇）。そのような土地に花開いた縄文文化も、当然ながら地域や時期によって非常に多様な展開をしていたことが、これまでの研究で明らかにされている。基本的な生業形態が狩猟・採集・漁撈であった縄文時代においては、多様な生態系に対応するために、多様な居住戦略が発達したことであろう。そして多様な居住戦略は、これまた多様な精神文化を育んだはずである。これは葬制・墓制とて例外ではない。

では、なぜ数ある考古学的資料の中から、ことさらに墓を研究するのであろうか。この点については以前にも書いたことがあるが、重要なことなので再論しておこう。

墓を研究する意義

墓からは、過去に関する非常に多くの情報を得ることができる。埋葬された人（ここでは被葬者という）の生前における個人的、社会的な側面が多々表現されているからだ。たとえば近現代では、社会的な地位や身分が高く、資産家であったなど裕福な人の墓は、そうではなかった人の墓よりも概して大きく、墓石などもよい石材を用いている場合が多い。墓地の区画面積も相対的に大きいだろうし、場合によっては見晴らしがよいところ、日当りのよいところに墓が築かれていることもあるだろう。墓自体の形状も、他の人々のものより豪華・壮麗に造られていることだろう。このことを裏付ける事例としては、日本各地に残されている大名家の墓や豪農の墓、地方の名家の墓などが挙げられるだろう。つまり墓の規模や墓地区画の大きさ、場所、形状といった墓に表現されているさまざまな情報は、被葬者がどのような人物であったのかという、生前の社会的な位置付けを表現しているということになる。そればかりではなく、被葬者が生前帰属していた家族・一族・社会集団がどのようなものであったのか、そのあり方すら表す場合もあるといえる。

また、その人が生前信仰していた宗教や、あるいは帰属していた社会集団ごとの習俗などによって、墓の形状や戒名、遺体の取り扱い方、死装束、副葬品などが異なる場合もある。この場合、遺体を納める施設・場所である墓と、それを営む制度である墓制には、先に述べた社会的なあり方とともに、精神文化的な側面が表されているということができる。

このように墓からは、被葬者に関する生前の社会的地位や精神文化について、非常に多くの情報を得ることができる。「墓は社会を映す鏡である」という言葉があるが、考古学研究者が墓をことさら重要視するのは、それなりの理由が存在するのである。

しかしながら、こと縄文時代の墓を研究対象にするということになると、単純に墓の規模や形状を比較するだけでは、もはやあまり大した研究成果を挙げることはできないレベルにまで、研究は進んできている。縄文時代の人々は、少なくとも今から三〇〇〇年ほど前より古い時期に生活していたのであるから、現代人とは感覚や発想などが大きく異なっていた可能性もある。ましてや、縄文時代の墓の大部分は、遺体を単に地中に埋めただけの土坑墓であったと考えられるので、そこに表現され、そして残された情報を、単なる墓穴のみから読み解くことはまず不可能である。ではどうしたらよいのか。

幸い、縄文時代の墓、特に貝塚内、あるいはそれに近接して設けられた墓からは、被葬者の遺体、すなわち人骨が出土する場合がある。現在までに知られている縄文時代の人骨出土数は、優に一万体を超すであろう。これは、後続する弥生時代や古墳時代などと比較しても、数の上では圧倒的に多い。人骨は当時の主人公たちの遺体であるので、そこから得ることのできる情報からは、縄文時代の人々がどのような生活をしていたのかを、直接的に知ることができる。これについては後章で詳しく話をするが、たとえば、被葬者の年齢・性別の他、栄養状態・摂取食料・既往症・死因がわかることもある。また最近では、ＤＮＡの分析から血縁関係の有無を推定することも可能となっている。

墓から得ることのできる情報と、そこから出土した人骨から得ることのできる情報を組み合わせて検討することによって、被葬者の個人情報を知ることができるばかりではなく、それらの情報から当時の社会がどのようなものであったのか、あるいは当時の精神文化がどのようなものであったのか、詳しく考察を加えることが可能となる。墓の主人公は被葬者であるが、その墓を作ったのは残された人々（埋葬者）である。したがって、墓について考えることは、その当時を生きていた埋葬者たちについても考えることになる。

誰が葬送儀礼を行ったのか

確かに、葬制に含まれる一連の葬送儀礼というものは、必ずしも被葬者を追悼するためだけにあるのではない。葬送儀礼は、死が生じたことによる労働力の低下、知的シンクタンクの喪失、人望などの物理的・精神的損失を補填するために、それ自体およびそれを執行するためのさまざまな要領の内に、新たな秩序を生み出す安定調節装置としての機能を合わせ持っている。たとえば現代においても、葬式やお盆などにおいて人が集まった場合、そこでは死者を追悼するための儀礼以外に、同族同門意識などの社会的な紐《ちゅう》帯《たい》や、相互序列の確認と継承および再編成・再生産が行われ、それと同時にさまざまな情報が交換されるとともに、財産が少なからず消費・分配される。また、葬送儀礼を執行するにあたり、誰がその主催者になるかによって、被葬者が生前に有していた地位や権威、財産などの継承がどのようになるのか明示されることもある。葬送儀礼にみることのできるこのような社会調節機能は、世界各地の民族事例においても確認できるものであり、縄文時代においても多かれ少なかれ存在したことであろう。これら一連の葬送儀礼を規定するものが葬制である。

また葬送儀礼を主体的に行なう集団は、基本的には被葬者が帰属していた集団である。したがって葬制を語るということは、その対象とされる社会および文化が、どのような形で継承・再生産されていったのかということを跡付けること、そして被葬者の帰属集団のあり方を検討することに他ならず、ここに精神文化の研究という枠を超えて、葬制の研究を行う歴史的・社会的意義が存在するのである。

墓は社会を反映する

ここまでお話ししてくると、「なぜ墓を研究するのか」という問いの答えが見えてくるだろう。端的に言えば、他の資料を対象にした場合と同じで、そうすることによって当時の人や社会、精神文化に接近するためだということになるが、この問題は「なぜ考古学を研究するのか」、ひいては「なぜ歴史を学ぶのか」という問いとリンクさせて考えることができる。私たちは、過去から現在に至るまでの「来し方」を調べることによってのみ、人およびその社会がどのように変化してきたのか、そして今現在どのようなあり方をしているのかを知ることができる。さらにそれは、同時に今後人がどのような方向へ進もうとしているのかという、未来を見通すことにもなる。現代社会において、さまざまな問題が何故起こっているのかという点を多角的に理解し、それをさまざまな意味で最善の方法で解決していくためには、私たちは歴史を学び、その歴史を構成するさまざまな資料から、できるだけ多くの情報を引き出し、再構成していく必要がある。したがって縄文時代に限らず、墓を研究し、人骨を調べ、それをもとに歴史を再構成していくということは、私たちがこれまでどのように生きてきたのかということを明らかにするだけではなく、今後どのように生きていくべきなのかという、非常に難しい、しかしきわめて重要な問題について考えるということなのである。

また、墓を研究するということは、私たちの誰もがいつかは経験するより切実なテーマ、すなわち「死」について考えることでもある。墓・墓制・葬制を研究するということは、過去における「死の取り扱い方」・「死生観」を知ろうとすることに他ならない。それを知り、そしてそれを現代における、たとえば散骨や樹木葬をはじめとする自然葬のあり方や、終末期医療などの「死を巡る諸問題」のあり方と重ねて考察することができれば、過去の墓制を研究することの現代的意義を語ることができるにちがいない。そしてこれは、「死とは一体何であるか？」という人類普遍の問いに対する考古学からの回答となるはずである。

縄文時代の墓をどう捉えるか

墓とはなにか？

考古学では、死者の遺体が納められるさまざまな施設、およびその場所のことを墓と呼ぶ。墓をつくり、これを営む制度のことを墓制という。墓制というものは一定の制度として捉えられるものなので、考古学的には一定の規則的な反復パターンとして認識することが可能である。逆に一定のパターンがなければ、それを墓制として捉えることはできない。

また遺体や、場合によっては人骨のみを墓に安置することを埋葬という。埋葬という言葉は必ずしも地下に埋めることのみに限定されるものではないので、注意が必要である。この、埋葬の仕方・方法を葬法という。葬法には、施設としての墓の作り方と、遺体そのものの処理の仕方という二つの側面が含まれる。たとえば、遺体を地下に埋納する土葬、遺体を火で加熱し一部ない

し は全部を骨化させる火葬、岩陰や洞穴などに遺体を埋めずにそのまま安置して骨化させる風葬、などといった遺体処理のプロセスは当然ながら、遺体の一部を切断するなど故意に毀損すること、遺体を背中側に二つに折り曲げるなど、解剖学的には不自然な姿勢をとらせること、遺体を大型の土器破片で覆ったり囲んだりすること、遺体に大小にかかわらず石をのせることなどといった、遺体そのものに対する付加的行為のほか、複数の遺体を合葬する、墓の上部や周囲に石を配する、木柱を立てるなどといった諸事象も葬法として捉えることができる。

葬法は、必ずしも一定のパターンとして認識される必要はない。極端な場合、個別の墓ごとに異なっている、すなわち事例が一つしかなくとも、それは葬法である。一定の葬法が繰り返しパターンとして複数の墓に認められるのであれば、それは墓制となる。ある遺跡において、他の葬法が複数の事例に確認できるのに対し、特定の葬法が一例しか認められない場合、あるいは全国にある多くの墓の中でも、その葬法が一例のみしか確認できない場合、その葬法はイレギュラーな存在として捉えることができ、そのような葬法が行われた原因として、個別の特殊な事情に対応したものであった可能性が指摘できる。一例しか確認できないということで切り捨ててしまうのではなく、人骨が遺存しているなど、多くの情報（埋葬属性）を得ることができるのであれば、むしろそのような事例こそ、当時の精神文化を検討するには都合がよい場合があるので、積極的に分析を進めるべきである。

また、ある葬法が複数の墓に共通して確認でき、一定のパターンをなして墓制として確立しているのであれば、それは被葬者が帰属した集団が意図的に選択した、「死」に対する対応方法であると位置付けることができる。墓に関する論文を読むと、「葬法として確立していない」と記述されるなど、墓制と葬法の概念がしばしば混同されているものが目に付くが、上記の観点からもこの二つの概念は明確に分けておく必要があるだろう。

また、墓制は一定の制度ではあるが、それは当時の人々が行った埋葬行為の一部が、考古学的なパターンとして私たちに認識された結果、把握されたものである。この点からみて墓制という概念は、考古学研究における「型式」概念とも相通じるものと考えることもできよう。

墓制と葬制

縄文時代の墓地・墓域の事例を俯瞰してみると、一つの墓地・墓域に含まれる全ての墓が、必ずしも一つの墓制によって規制されるというようなものではないことがわかる。一つの墓地に複数の墓制が存在するということも十分にありうる。一遺跡＝一墓地・墓域＝一墓制のような単純な等号は成り立たない。しかしながら一墓制＝一文化的選択であることは間違いないであろうから、共通した墓制を持つ墓の間、さらには被葬者間およびその墓制を選択した埋葬者の間になんらかの「文化的なつながり」を想定することは可能である。問題はその「つながり」がなんであるか、何に基づくものであるのかということだ。この点を明らかにするためには、人類学的な検討を含めて個々の事例ごとに詳細な検討をする以外に方法はない。

墓から得ることのできる情報のことを埋葬属性という。この場合埋葬属性とは、埋葬姿勢や頭位方向、顔の向き、装身具の着装の有無、装身具の種類、複葬例か単葬例か、埋葬施設は土坑か石棺か、単独葬か合葬か、といった個別の情報各々を指す。したがって、葬法とは埋葬属性の集合体であり、その表れ方が一定のパターンと化したものが墓制であるといえる。

墓制という言葉によく似たものに、葬制がある。葬制とは、死および死者、さらには残された人々などをめぐる一連の儀礼や習俗全体を指し示す言葉であり、死の予兆から死後の弔い上げにいたるまでの長期にわたる制度のことである。したがって、その範疇は墓制よりも時間的に長く、事象的にも広範囲のものが含まれる。さらに、このような葬制が祖霊観念などの発達によって祭祀化していく場合も、縄文時代には確認できる。これを葬墓祭制と概念化することができ、以上の概念を図式化すると以下のようになる。

葬法 ⊂ 墓制 ⊂ 葬制 ⊂ 葬墓祭制

しかしながら、考古学的な資料のみからでは葬制以上の上位概念の全体像を把握することは難しく、いきおい墓制そのものの検討が中心となることは、やむをえない。

現在確認できる縄文時代の墓の大体八割程度は、地面に穴を掘って、遺体をその中に納めたものである。考古学では昔の人が地面に掘った穴のことを、一括して土坑《どこう》という。この場合の坑は、地面に掘られた穴という意味で、その用途や性格は問わない。つまり地面に掘られた穴は、その性格が不明である場合、すべて土坑と呼ばれる。また、やや小規模なもの、穴の直径が小さいものは、ピット（pit）と呼ばれることもある。

縄文時代の墓をどう分類するか

遺体を土坑の中に納めた墓を、土坑墓という。土坑墓のことを土壙《どこう》墓と表記する向きもあるが、本来「壙」という文字には墓穴という意味があり、土壙墓とすると墓の意味が二重になるので、使用しないほうがよい。ただし、文章中などで、明確に墓穴のことを指し示す場合には、土壙の文字を使うこともある。文脈によって使い分けるということだ。

また、墓の分類表記は、遺体そのものの埋葬施設（基本的には下部構造）に墓の語を付けたものがよいと私は考えており、埋葬施設が単に土坑だけの場合（これを私は単純土坑と呼ぶことにしている）ならば、単純土坑＋墓＝（単純）土坑墓であり、埋葬施設が石棺ならば石棺＋墓＝石棺墓、遺体が土器の中に入れられるのならば、土器（棺）＋墓＝土器棺墓と表記することにしている。

従来、漠然と使用されている言葉に配石墓などがあるが、この場合墓の上部に石が置かれたものや、土壙内へ配石されたものも配石墓と一括してしまっている場合がある。上部配石や土壙内配石は遺体そのものの埋葬施設ではないので、区別することが必要である。

しかしながら、土坑墓や石棺墓などとは別に、火葬墓や再葬墓といった記述を目にした方もあるだろう。この場合の火葬や再葬は、遺体の処理方法、すなわち葬法に注目したものであり、上記の分類基準とはまた異なったものである。

墓の認定

墓を掘るためには、まず調査で確認された遺構を墓と認定する、あるいは墓であると想定して、発掘作業を進める必要がある。しかしながら、縄文時代の墓の多くは地面に直接穴を掘り、そこに遺体を埋めるシンプルなものだ。おそらくほとんどの墓には、遺体を土壙内に収容した分余った残土を盛土していた、いわゆる「土まんじゅう」状の上部構造があったであろうが、埋葬が行われてから何千年も経過した現在では確認することは難しいだろう。最近、青森県五月女萢《そとめやち》遺跡において、縄文時代晩期の「土まんじゅう」がはっきり残っている墓が複数見つかったが、これは非常にレアなケースである（図9）。また、中にはこの盛土上に石を置いたり、木柱状のものが立てられていた痕跡が見つかったりするものもあるが、そのような事例は墓全体の発見例からみれば、ごくごく少数である。結論として、考古学研究者は、遺構を確認できる土層の上面（これを遺構確認面という）において、土坑の平面形状（プランという）と規模から、墓か否かを推定することがほとんどである。プランと規模をもとにして、土坑が墓かどうか判断するというと、多くの方がなんとなくその方法をイメージできるかもしれない

図9　青森県五月女萢遺跡における上部構造の検出状況

が、これがまたなかなか難しい作業である。

　土坑の場合、墓であることが確実に判断できる唯一の方法は、土坑内から埋葬された遺体の痕跡、たとえば人骨や歯であるが、これが発見されることだ。ところが実際にデータを集めてみると、この人骨は実にさまざまな平面形状の土壙から出土する。一番多いのが、いわゆる長楕円形をした土壙である。また長方形状だが四隅が丸くなっている、隅丸長方形と呼ばれる形状のものも多い。円形のものも相当数存在するし、不整形のもの、なかにはアメーバのような不定形のものも、無視できない数が確認されている。このような土壙の平面形状には、時期差と地域差がある。たとえば北海道の早期には円形の、しかも非常に深く掘られた土坑墓が多いし、関東の晩期などでは比較的角のしっかりした長方形のものが多い。また、関東における後期の伸展葬例などでは土壙を確認できないことさえ多い。したがって、墓を調査する者は、予め自分が調査する地域にはどのような形状の土坑墓が多いのか、知っておく必要がある。とはいえ、一遺跡の中で土壙の形状が異なるということはザラにあるので、個別の対応をしなくてはならないのだが。

墓の規模から判ること

この土壙の規模だが、基本的には被葬者の身体の大きさと相関する傾向にある。つまり、幼い子供のように身体が小さければ土壙は小さく、大人のように身体が大きければ土壙も大きくなることがわかっている（山田　一九九九）。しかしながら大人の場合、成長期を過ぎた壮年期以降の事例では、土壙規模が年齢段階によって大きくなるという傾向はない。むしろ、そのような傾向が強くうかがえるのは子供の埋葬例である。子供の場合、乳児・幼児・小児と成長するにしたがって、土壙規模は大きくなる。特に小児以下の場合、屈葬例で、土壙規模が一《メートル》以下の事例が確認でき、逆に土壙規模から、埋葬された遺体の年齢段階を推定することも可能である。また、土壙規模は女性よりも男性の方がやや大きな傾向を示す。これも体格差が表れているのであろう。このことは、土壙規模によって、性別や年齢を峻別できる可能性があることを示唆している。たとえば、東北地方や関東地方などでは、性別によって埋葬地点が偏っていたことが春成秀爾によって指摘されているが（春成　一九八〇）、それに従うのならば、たとえば、これらの地域の遺跡において、場所によって土壙規模の平均値が大きく変わるような事例の場合には、性別あるいは年齢別に埋葬地点が区分されていた可能性も、視野に入れるべきであろう。

しかしながら、土壙の規模は、埋葬姿勢によっても大きく変わる。身体を屈葬のようにかがめていれば土壙は小さくなるし、伸展葬であれば必然的に土壙は大きくなる。埋葬姿勢には時期差・地域差が存在するので、注意が必要である。図10は全国における埋葬姿勢のあり方を模式化したものである。一般に屈葬というと、手足をギュッと強く曲げたものをイメージするが、そのような事例は意外に少なく、むしろ一番多いのは腰を九〇度くらいに曲げて、膝を強く曲げたものである。腕は伸ばしたままのものや、緩やかに曲げているものなど多種多様である。屈葬で一番多いのは、このような「ゆるい」屈葬なのである。しかしながら、このような屈葬にも、地域差・時期差が存在することがわかっている。

たとえば、最も四肢をきつく屈める姿勢をとるのは、北海道の古い時期のものである。また、東北地方南部から本州における埋葬姿勢は、全体的に膝を強く屈し、腰をほぼ九〇度前後に曲げたものが主流となる。これには肘は伸ばしたもの、強く曲げたものなどさまざまなバリエーションが存在する。一方、関東地方の後期前半、東海地方の晩期後半、九州地方の後期以降には伸展葬例が多くなる。伸展葬例は、屈葬例に比べると手足の角度のバリエーションが少ない。その意

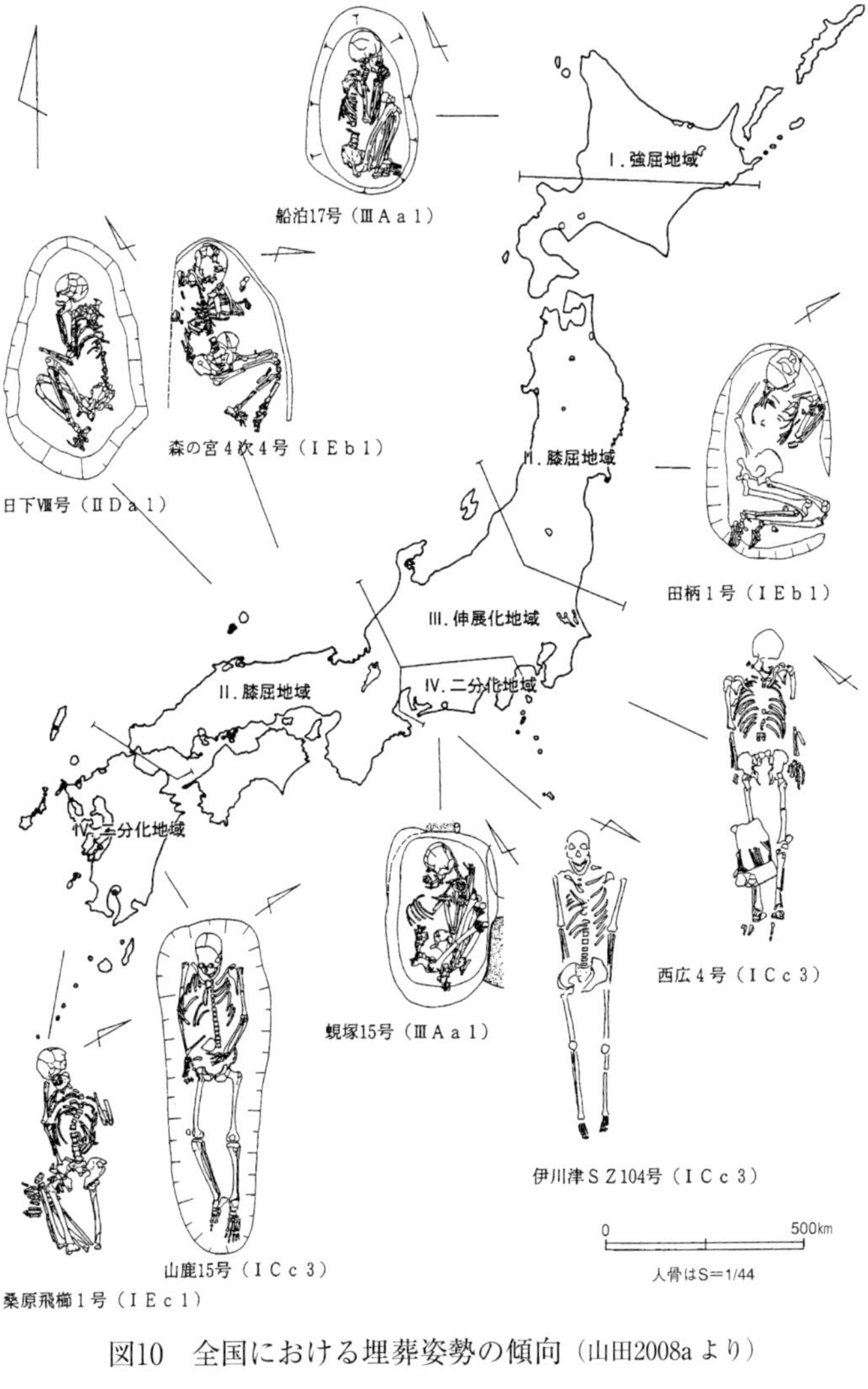

図10　全国における埋葬姿勢の傾向（山田2008aより）

味では、埋葬姿勢としてより画一的なものであるということもできるだろう。

はじめに見つかる部位

遺体が仰臥屈葬で埋葬されている場合、発掘時に最初に発見される部位は、膝ないしは頭の部分である。各研究機関に保管されている縄文人骨を実見すると、膝の部分が失われているものが多いが、このなかには、おそらく人骨が埋まっている段階で、耕作などによって削られてしまったものもあるだろう。また、発掘調査の初期の段階でスコップでドカ掘りをしていたら、白いものを掘り飛ばしたので、よくみてみたら人骨の膝だったという話を、私の学生時分に聞いたこともある。発掘時にも、墓の周辺にそのような部位が飛んでいないか、注意が必要である。膝の次に発見される可能性の高い部位は、頭蓋である。さらに言えば、人骨で最も遺存しやすい部分は歯を含めた頭蓋（ただし顔面部は除く）であり、その次が四肢骨である。これについては、中橋孝博と永井昌文の研究成果がある（Nakahashi and Nagai 1986）。これは、骨に比較的厚めの緻密質のある部位、平たくいえば、硬いところが残りやすいということである。特に、頭蓋と四肢骨は、遺存状況の悪い人骨出土例でも意外にその形状をとどめている場合があるので、掘り出しには注意が必要だ。また歯のように、人体で一番硬い部位は、ボロボロになっても残存している場合がある。これが土壙のどの場所から出土したのかということから頭の位置、ひいては頭位方向が判明することもあり、これも十分な注意が必要である。

表1　埋葬姿勢と土壙規模の関係（山田2008aより）

	楕円形		隅丸長方形		円形		不整形	
	事例数	平均値	事例数	平均値	事例数	平均値	事例数	平均値
埋葬姿勢ａ１	72	0.98m	7	1.06m	4	1.16m	4	1.15m
埋葬姿勢ｂ１	76	1.10m	9	1.19m	0	－	2	1.11m
埋葬姿勢ｃ１	20	1.12m	6	1.41m	0	－	1	1.20m
埋葬姿勢ｃ３	24	1.79m	5	1.56m	0	－	0	－

表2　埋葬姿勢ａ１における年齢段階別土壙長（山田2008aより）

年齢段階	事例数	最大値（m）	最小値（m）	平均値（m）
幼児期	4	0.78	0.60	0.71
小児期	2	1.12	0.90	1.01
思春期	4	1.00	0.90	0.96
青年期	4	1.06	0.90	0.93
壮年期	20	1.81	0.78	1.05
熟年期	21	1.40	0.70	1.02
老年期	7	1.10	0.70	0.91
全段階(含不明)	88	1.81	0.60	1.01

埋葬姿勢ごとの土壙規模

さて、土壙の規模の話に戻ろう。いわゆる屈葬の場合、その土壙規模は膝の曲げ方と腰の曲げ方によって決まる。表1は、私が調べた埋葬姿勢と土壙の規模の関係である。膝・腰ともに強く屈したきゅうくつな屈葬（埋葬姿勢ａ1、山田 二〇〇八ａ参照）の場合には、土壙の規模は長径一・〇《メートル》から一・一《メートル》ぐらいの間に納まる。腰をやや伸ばし直角ぐらいに曲げ、膝を強く屈した屈葬（埋葬姿勢ｂ1）の場合は、きゅうくつな屈葬よりも一〇《センチ》程度大きくなり、大体一・一《メートル》ぐらいのものが多い。もう少し膝をのばす姿勢（埋葬姿勢ｃ1）だと、平均値で一・二メートルほどのものが主体的となる。また、腰と膝を完全に伸展させた伸展葬（埋葬姿勢ｃ3）の場合には、一・八メートル前後の規模のものがほとんどを占める。しかし、縄文時代において伸展葬が出現する時期と地域は、先に述べたようにある程度限定されるので、該当する時期・地域以外の場合では、楕円形ないしは隅丸方形のプランを持つ長径一・〇メートルから一・二メートル前後の土坑は、墓であると思って調査したほうがいいだろう。

墓の掘り方

さて、墓であると目星をつけた遺構をどのように調査していけばよいのであろうか。実際に土坑墓を発掘すると、墓穴から人骨がそのまま出土することがあり、この点から縄文人は遺体を直接穴の中に埋葬したと考えられることも多いが、実際には必ずしもそうではなかったようだ。たとえば、北海道美々《びび》4遺跡では、シラカバの皮を遺体に巻いて埋葬したようだし、千葉県内野第一遺跡でも、木の皮によって容器をつくり、その中に遺体を入れて埋葬したようである。

また、先にも述べたように、愛知県保美貝塚からは、土坑墓であるのだが遺体の首から上が、腹部の辺りに落ちている事例が見つかっている。この事例は、座葬《ざそう》（いわゆる体育座りのような姿勢）で埋葬されたものであり、遺体の腐敗とともに頭部が落下したものと思われる。ただ穴を掘り、そこに遺体を直に安置し、埋め戻したものであるならば、首から上が腹部の辺りに落ちているはずがない。繰り返すが、このような事例は、焼き物の棺桶や、木で作られた早桶《はやおけ》に埋葬された江戸時代の墓にしばしばみることができるものである。これらの事例では、遺体の周囲に空間があるために、遺体の腐敗の進行とともに、頭部が落下したものと考えられる。このような事例から類推すると、先の保美貝塚の事例も直に土葬されたのではなく、なんらかの容器や袋状のものに入れられて埋葬されていたと考えるべきだろう。一見、直に土葬された土坑墓とみえる事例であっても、中から人骨が出土した場合、その人骨各部位の出土位置から、さまざまな情報を読み取ることができ、場合によっては、先のような遺体を袋に入れるという葬法を復元することが可能である。

したがって、人骨が遺存している墓を掘るにあたっては、人骨の各部位がどこからどのように出土したのか逐一記録を採り、さまざまな情報を逃がさないようにしなくてはならない。しかし、人骨全ての部位を実測図として記録するのは、非常に手間ひまのかかることである。まして、どういうわけか、埋葬人骨は発掘調査の終了期限が押し迫った時期に発見されることが多く、なかなか調査に時間を割くことが難しい場合も多い。そのような時は、どうすればよいだろうか。一番よいのは人類学研究者に相談することだが、それでも諸般の都合で、遺跡に来て取り上げをしてほしいと頼めないことも多い。そのような場合私がお勧めするのは、デジタルカメラで、出来るだけ細かく人骨の出土状況のメモ写真を押さえるということである。その際に、人骨の各部位のアップと、出土位置がわかるものの二カットは欲しい。また、メインとなる写真の撮影方向は、北からなら北からと全て揃えておいたほうが、あとで写真から出土状況を確認しやすい。もちろん、細かいメモ写真は別である。さらには、写真中に実測の基準となるラインを水糸《みずいと》などで入れておけば、実測図との照合も容易となる。フィルム時代だったら躊躇《ちゅうちょ》したであろうが、今のデジタルカメラなら、メモ写真一〇〇枚などすぐに撮影できる。正直な話、報告書から細かい骨の出土状況を確認するためには、実測図よりも写真のほうがわかりやすいことが多い。自分のことを棚に上げて恐縮だが、下手な実測図の場合、埋葬人骨がニヤニヤ笑っているような感じになる。このことを考古学研究者は、「人骨が笑う」という。そのような実測図よりは、現在のデジタル写真の方が役に立つ。ただし、このことは、実測図は不要であるという話にはならない。

もし、調査日程をはじめとした諸般の都合上、埋葬人骨への即時対応が難しいのであるならば、写真実測を導入することも厭うべきではない。人骨の露出はすぐさま人骨自体の保存状態の劣化につながるので、長時間の露出は極力避けるべきである。

また、土壙内から出土した土壌は、必ず一〇ミリ・五ミリ・一ミリといった三段階程度の水洗別を行うべきである。私も土坑墓を調査する時には細心の注意をしているつもりであるが、水洗別を行うとやはり見逃している遺物が出てくる。保美貝塚を調査した際にも、あれだけ細かく土を上げていったのにもかかわらず、水洗別時に鹿角製の小型装身具が出てきたと知らされて、正直ひやりとしたことがある。学生時代に受講した集中講義で、慶応義塾大学の鈴木公雄先生から、「移植ゴテのみによる調査は、一センチ目のフルイよりも粗い」と教わったことを思い出した。ましてや直径数ミリの小型の玉類は、まず見逃すと思って（本当はそれじゃいかんのだが）対策を立てておく必要があるだろう。また、水洗別によって、土坑墓内の土壌に存在した炭化物を回収することもできる。有機質の副葬品や遺体の梱包材の有無が、この炭化物の分析から判明する場合もある。

さらに、人骨を取り上げた後の土壙底にまだ埋土が残っている場合には、土壙断面のセクションを図化した後に、二〇センチ四方を切り取ってそのまま土を崩さずに持ち帰り、植物遺存体の鑑定をしてもらうことをお勧めする。遺体が植物繊維による菰《こも》のようなものに巻かれていた場合には、この段階で確認できる場合がある。いずれにせよ、土壌からできるだけの情報を回収しようとする努力が必要となる。

土の埋まり方

多くの土坑墓は、遺体を納めた後にほとんど時間をおかずに、土坑掘削時の掘り上げ土を被せて埋葬を行ったはずである。したがって、土坑の土層断面から埋土の堆積状況を復元し、一気に土を埋め戻したと考えられる事例は、土坑墓である可能性が高いといえる。これに対し、自然に埋まったと考えられる土坑は、墓である可能性は相対的に低くなる。これはあくまでも単純な想定であり、実際には土坑の埋没過程には複雑な要因があったと思われる。たとえば、本来は貯蔵穴として掘削された土坑を、のちに墓に転用した場合や、墓として掘削したが、遺体埋葬後直ちに埋め戻さなかった場合、あるいは貯蔵穴として利用していた際に、土坑内の壁が崩壊してある程度の深さまで埋まってしまったものなどである。このような事例の一つとして、たとえば千葉県高根木戸《たかねきど》貝塚五号人骨の場合のように、埋葬後にすぐさま土壌によって覆われなかったために、人骨が腐敗に伴ってずれてしまい、解剖学的な位置関係を保っていないものを挙げることができるだろう。これなどは、人骨相互の位置関係の精査から、埋没過程を読み取ることができたものである。そのような事例があるものの、一方では、土層の観察結果が土坑の機能の判断材料になることも、また間違いない。

関東地方のように、黒色土下にローム層が存在するような場所においては、土坑の埋め土中にロームブロックやローム粒がどのような入り方をするかといった点からも、判断は可能である。たとえば、自然に埋没したような土坑の場合には、土坑底の隅にいわゆる三角堆積があり、内部の埋土も互層状にやや曲線を描きながら堆積するものが多い（図11）。この場合、内部の土壌には風化が進んだ、角の取れたローム粒が含まれることもある。一方、人為的な堆積の場合、先に述べたように土坑掘削時の掘り上げ土を埋め戻しに使うとすると、埋土中には風化の進んでいない角張ったロームブロックやローム粒が、ランダムな形で入り乱れながら含まれる傾向がある（図12）。

土坑の埋没過程についてはいくつかの実践的研究、たとえば長岡史起の研究や加納実の研究などがある（長岡　一九九九、加納　二〇一二）。土坑の性格決定には、これらの研究成果を参照し

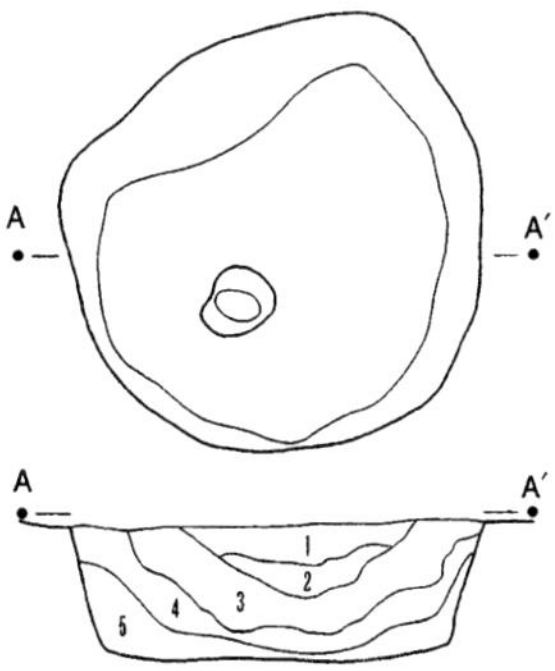

915号土坑
1、黒褐色　極少量のローム塊（径1mm）含む　暗褐色土含む
2、黒褐色　ローム塊（径1mm）含む
3、暗褐色　ローム塊（径1～10mm）・暗褐色土多く含む
4、暗褐色　ローム塊（1～20mm）多量に含む　ローム粒含む
5、暗褐色　ローム塊（径3～50mm）ローム粒含む

図11　自然に埋没した土坑の土層断面図（加納2012より）

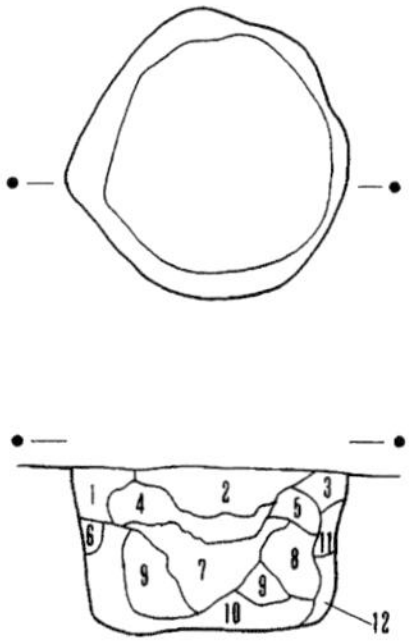

713号土坑
1、黒褐色　微量の暗褐色土・ローム粒含む　均質
2、黒褐色　暗褐色土・ローム粒・ローム塊（径1～10mm）多く含む　若干不均質
3、黒褐色　暗褐色土含む
4、黒褐色　少量の暗褐色土・ローム塊（径5～20mm）含む
5、黒褐色　少量の暗褐色土含む
6、黒褐色　多量のローム粒含む
7、黒褐色　微量の暗褐色土含む　均質
8、黒褐色　微量のローム粒・ローム塊（径1～3mm）含む　均質
9、黒褐色　微量のローム塊（径1mm）含む　均質
10、黒褐色　少量の暗褐色土・ローム塊（径1～10mm）含む
11、黒褐色　多量のローム粒含む
12、黄褐色　よごれたローム粒主体に黒褐色土含む

図12　人為的に埋め戻された土坑の土層断面図（加納2012より）

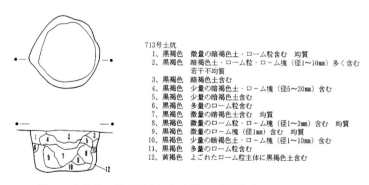

ながら、調査担当者各自が意識的かつ積極的な判断をすることが望ましい。

墓から判ること

さて、考古学資料としての墓からは、実に多くの情報を得ることができる。墓から得ることのできる情報のことを、埋葬属性と呼ぶ。

埋葬属性の諸相

これらの埋葬属性に関して、岡村道雄は考古学的に遺存しうる痕跡として、以下の一二項目を挙げている（岡村　一九九三）。

①　死体処理のうち、骨格に影響する痕跡。
②　骨格の特徴、たとえば年齢、性別、体格、疾病など。
③　遺体の埋葬姿勢。
④　遺体の装束や装着されたもの。
⑤　死者の上や脇などに置かれた呪物、墓穴の中などに供えられた生前の持ち物、死者の身

分・特殊技能などを表わすもの、来世のために持たせるものなど。

⑥　墓穴の底あるいは上面などへ、土器などの容器に入れた食物などを供献する。

⑦　墓の構造、たとえば配石、墓標、墓穴の形態、石室、砂利・粘土などを用いた墓穴の埋め方などの特徴。

⑧　一連の葬式のある過程で、死者の持ち物などを壊した痕跡。

⑨　動物や魔物を防ぐための呪具などが墓あるいはその付近に置かれていないか。

⑩　墓葬礼に伴う祭祀の痕跡。たとえば焚火跡、共食の痕跡、食物を撒いた痕跡など。

⑪　葬式あるいは墓葬礼にかかわった道具、死者の持ち物を処理した痕跡はあるか。

⑫　集落と墓域の位置関係、墓域の有無・形態・構造、墓群の形成過程。

岡村は、「以上の特徴、あるいはそれら相互の関連を検討することによって、墓に関わる葬礼（墓葬礼）の実態あるいは死者たちの関係、つまり縄文人の社会関係の一端を、地理的あるいは時間的に窺い知ることができる」としている。

墓から観察することのできる埋葬属性を組み合わせ、当時の墓制や社会構造について接近するという方法論的枠組みについてはその通り、というよりそれしか方法がないわけだが、その属性の性格については少し整理しておいたほうがよい。方法論的にもブラッシュアップしておく必要があるだろう。

墓そのものに付加された属性、あるいは墓の内部に持ち込まれた属性は、付加される契機によって分類が可能である。被葬者がまだ生きている時に付加されたものと、死後に殯《もがり》などが行われているときに付加されたもの、また遺体埋葬時に付加されたものでは、それぞれ性格が異なる場合があったはずである。これらの属性をそれぞれ、生前付加属性・死後付加属性と呼ぶことにしよう。このような視点をとれば、考古学的に観察可能な属性を以下のように分類できる。

生前付加属性

大きく二つに分類できる。

一類…身体に直接行い、不可逆的なもの。たとえば、抜歯・頭蓋変形・創傷・入墨・文身、部位切断などの身体変工がこれに相当する。

二類…時と場合において、脱着可能あるいは可逆的なもの。たとえば、装身具類・染髪・ボディペインティングなどがこれに相当する。

この生前付加属性には、一見分類し難いものも存在する。たとえば、耳飾りやラブレット（口唇飾り）などの着装については、耳朶や下唇を次第に変形させていく行為が伴う。そのため、通常これらの装身具を着装していなくても、可視的には身体変工と同等であり、着装可能であることがわかってしまう。このような事例も想定できるが、いずれにせよ軟部組織の変形であるので、埋葬例から考古学的に観察することは非常にむずかしいだろう。

大きく三つに分類できる。

一類…墓の構造そのものに付加されるもの。たとえば墓の位置、土壙の形態・規模・軸方向、墓の上部構造、棺などがこれに相当する。

二類…遺体そのものに付加されるもの。埋葬姿勢、頭位方向、顔の向き、遺体破損などがこれに含まれる。

三類…葬送儀礼の中で付加されるもの。副葬品・甕被・抱石・装身具の一部・ベンガラなどの赤色顔料・石器剥片・貝小玉・砂などの散布などが相当する。

死後付加属性

生前付加属性は、他者ばかりではなく当然本人も認知していたはずのものであり、帰属集団中での個人の立場・状態（性別・年齢・地位・出自・疾病の有無など）を明確に指し示す属性である。特に、生前付加属性一類は、生存中を通して本人、他者を問わず常に意識される。しかし、脱着可能な二類は必ずしも常時身につけていたとは限らず、特定の時期にのみ付加されていたものが、墓に持ち込まれた可能性もある。

たとえば、装身具類が墓に持ち込まれる場合には、大きく分けて次の三つの類型が考えられる。

類型1…生まれてから後、ある時期に装身具をつけ、通常は着装しており、そのまま死に至り、外されることなく埋葬される場合。たとえば、愛知県保美貝塚の土坑墓から出土した人骨に伴っていた腰飾りは磨滅が激しく、常時着装されていたものと考えられる。これなどは、類型1の典型的な事例と考えてよいだろう。

類型2…生まれてから後、ある時期に装身具をつけ、その後特定の時期にのみ脱着を繰り返し、装着時に死に至り、外されることなく埋葬される場合。

類型3…死後、埋葬されるまでに装着される場合。いわゆる死装束がこれに相当する。これについては弥生時代の土井ヶ浜《どいがはま》遺跡に好例がある。土井ヶ浜遺跡出土三号幼児人骨にはマツバガイ製の貝輪が九個伴っていたが、貝輪の内側面の加工が粗く、単に打ち欠いただけの製品であり、実際に生前身に付けていたものとは考えにくい。この場合などは上述の類型3に相当すると思われ、当時子供に死装束をまとわせる風習があったことがわかる。

装身具はこの三つの場合のいずれか、あるいはこれらの組み合わせによって墓に持ち込まれたと考えることができる。それぞれの場合が意味するところは異なると想定でき、装身具を取り扱う時にはこの点に注意しておかなければならない。装身具類が生前から装着されていたものか、それとも死後になって装着されたものかの判断は、遺物そのものと出土状況の検討、たとえば遺物の摩滅状況などの検討なくしては困難である。しかし、実際問題として遺体に伴ってこれらの装身具類が出土した場合、この三パターンを峻別することは、ほぼ不可能に近い場合が多い。したがって、墓から出土する装身具類の量が全体的に少ない場合には、装身具の有無のみから社会構造の復元を行うことは、きわめて危険であると想定される。社会構造の復元を行うには、まず、第一にこれら生前に付加される属性のうち、不可逆的なものを検討し、これがその他の属性の何と対応するのか見極めた上で結論付けるという方法論が、必要不可欠となってくる。

また、死後付加属性は、被葬者以外の人によって付加されたものである。これらは被葬者の生前の立場・出自・地位・能力などによって規定される場合もあるが、死因や他界観へ呪術的対応であった場合もありうる。墓が当時の社会構造を反映するという考えは、生者の論理が死後の世界にもあてはまるとする論理であって、これが過去においても必ずしも正しいという保証はない。したがって、死後付加属性のみを用いて直接的に社会構造を類推することは、常にある程度の危険を含んでいることを、十分に認識しておかなくてはならない。

次に死後付加属性を、埋葬を行った側（埋葬者）の視点から検討してみよう。この属性は、大きく分けて以下の二種類に分類できる。

可視属性…埋葬後、埋葬者や他の人々が目にすることのできるもの。埋葬位置・頭位方向（ただしなんらかの上部構造物が必要）・立石・土盛、墓標・地上に置かれた副葬品など。遺体に対して直接付加する属性ではないものが多い。

不可視属性…埋葬後、生きている人々が目にすることができないもの。埋葬姿勢・頭位方向（上部構造がない場合）・装身具・土壙内への副葬品・ベンガラ・貝小玉・石剥片・白砂の散布・遺体を包むもの（棺や袋等）・遺体破損など。遺体に対して直接付加されるものが多い。

これら大きく二つに分けた属性は、遺体の性別・年齢・死因・出自・血縁関係・地位・身分・能力によってその表現形が異なる場合があると考えられる。たとえば、可視属性は埋葬後もそれをみることによって、死者への記憶が反復できる。したがって一般的傾向として、可視属性には出自や地位・身分など、故人が有していた社会的な要素がより強く表現される可能性が高いと想像できる。

これとは逆に、個別の死因や他界観への呪術的対応などは、遺体そのものに対して行われ、不可視属性として表わされた可能性が高い。たとえば、福岡県山鹿《やまが》貝塚出土人骨に見られたような肋骨《ろっこつ》や脊椎《せきつい》の除去といった遺体破損などは、その最たるものであろう。

以上の属性を組み合わせることによって、墓制研究における方法論的モデルが設定できる。また、上記の属性から考えることができる仮説に従えば、それぞれの方法論での限界点を明確にできる。たとえば、次のようなモデルを設定することが可能であろう。

最高位モデル…生前付加属性＋死後付加属性（可視属性＋不可視属性）による分析。

もしこの方法論をとることができた場合、各遺体にみることのできる個別事象から、出自や階層などといった社会構造や他界観などの精神文化の分析までを、射程に入れることが可能であろう。

低位モデル…死後付加属性のみによる分析。

墓の位置や形状だけで議論を行う場合が、これに相当する。さまざまな解釈は可能であろうが、その妥当性は決して高いものとは想定できない。生前付加属性と可視属性が検討できないのならば、その資料単体で社会構造にまで踏み込むことは、埋葬施設の格差や極端な副葬品の偏りがない限り、考古学的な方法論だけでは困難であろう。

当然ながら、大半の事例では、この二つのモデルの中間的な状況で分析を行うことになるはずである。その場合、最高位モデルをとることのできる他の事例との比較・類推という方法をあわせて用いることで、結論の蓋然性を引き上げることが望ましい。

墓地・墓域の類型的理解

先にも述べたように、墓から得られる情報の各々のことを埋葬属性と呼び、個々の墓を個別墓と呼ぶ。また、集落内において、住居跡と位置的に分離ないしは重複しながらも、ある程度の数の墓が一定の空間を占地する場合、この場所を墓域と呼ぶ。これに対し、遺跡が墓およびそれに関連すると思われる遺構のみで構成される場合、この遺跡を墓地ないしは墓地遺跡と呼ぶ。

さて、これまでの研究においては、墓地・墓域内に確認される人骨の集中地点や墓の群在地点を指し示す言葉として、埋葬小群ないしは埋葬区という語が使用されてきた。

埋葬小群とは、春成秀爾によって提唱された概念である（春成　一九八〇）。春成によれば、これは林謙作のいう埋葬区にほぼ該当する単位であるとされている。林は埋葬区について、墓地・

墓域内においては「遺体が一様な分布をしめすのではなく、数体もしくは十数体を単位としたかたまり」が存在すると述べ、このかたまりを埋葬区と呼ぶとしている（林　一九七七）。また林は、この埋葬区の占取・用益の主体が世帯であると推定している（林　一九七九・一九八〇）。これに対し春成秀爾は、抜歯や合葬例などの分析をもとに、身内と婚入者は埋葬小群を異にしていると推定し、墓地・墓域内にはいくつもの埋葬小群が存在することから、一対の埋葬小群が「集落内のそれぞれ特定の場所に何世代にもわたって建て直された一棟の竪穴住居つまり一世帯の歴史の一部に対応する」と述べている（春成　一九八〇）。

厳密に語義を検討するならば、林のいう埋葬区と春成のいう埋葬小群とでは、指し示す内容が異なる。しかし、林のいう埋葬区の語義には「あらかじめ何らかの原則、もしくは計画にもとづいて設定された区画」という意味が含まれており、現実の「かたまり」のあり方を表現するにはいささか定義が厳密であるし、春成のいう埋葬小群の語義には、本来的に男女別地点埋葬、さらに言えば身内と婚入者という出自の意が内在されているので、「かたまり」そのもののあり方を議論するためには、いささか使いにくい。そこで私は、林も指摘するように、墓地・墓域においては遺体（墓）が一様な分布を示すのではなく、考古学的事実として数体もしくは十数体を単位とした、埋葬例の数的最小単位としての「かたまり」が存在することを認め、この「かたまり」を埋葬小群と呼ぶことにしたい。ここで定義する埋葬小群とは、墓が群在化している状態そのものを指し示す語である。したがって、埋葬小群という語は、ある埋葬属性によって括ることのできる共通性を適宜付加させながら、その内容を個別に規定することも可能であり、個別具体的な「かたまり」のあり方を記述するには都合がよい。

しかしながら、埋葬小群に含まれる人骨の間には、たとえば岩手県蝦島《えびしま》（貝鳥《かいとり》）貝塚や愛知県保美貝塚、ちょっと趣は異なるが茨城県中妻《なかづま》貝塚、岡山県彦崎《ひこさき》貝塚出土例のように、頭蓋形態非計測的小変異などの遺伝的な形質を共有する場合がある（図13）。実際に埋葬小群内の人骨間に何らかの遺伝的関係・血縁関係が存在することを証明するためには、ＤＮＡをはじめさまざまな検討を行う必要があるが、たとえば前頭縫合線やインカ骨など大きな縫合線変異が、埋葬小群内における複数の人骨間に観察できるのであれば、考古学的なコンテクストを勘案して（ここ重要！けっして人類学的な所見のみで判断できるものではない）、その埋葬小群には複数の血縁関係者が含まれていると理解してもよいのではないかと私は考えている。この場合、その規模からみて、埋葬小群の内容としては、三親等三世代程度にまでまたがるような小家族集団を想定しておきたい。もちろん、この考えとて仮説であり、今後の検証が必要であることはいうまでもない。

また、墓地・墓域内には複数の埋葬小群が群在化して、さらに一つの大きな「かたまり」をなしている場合も存在する。この、さらに大きな「かたまり」のことを、埋葬群と呼ぶことにしよう。この場合、埋葬群中に入れ子状の構造として、埋葬小群が存在することになる。埋葬群の内

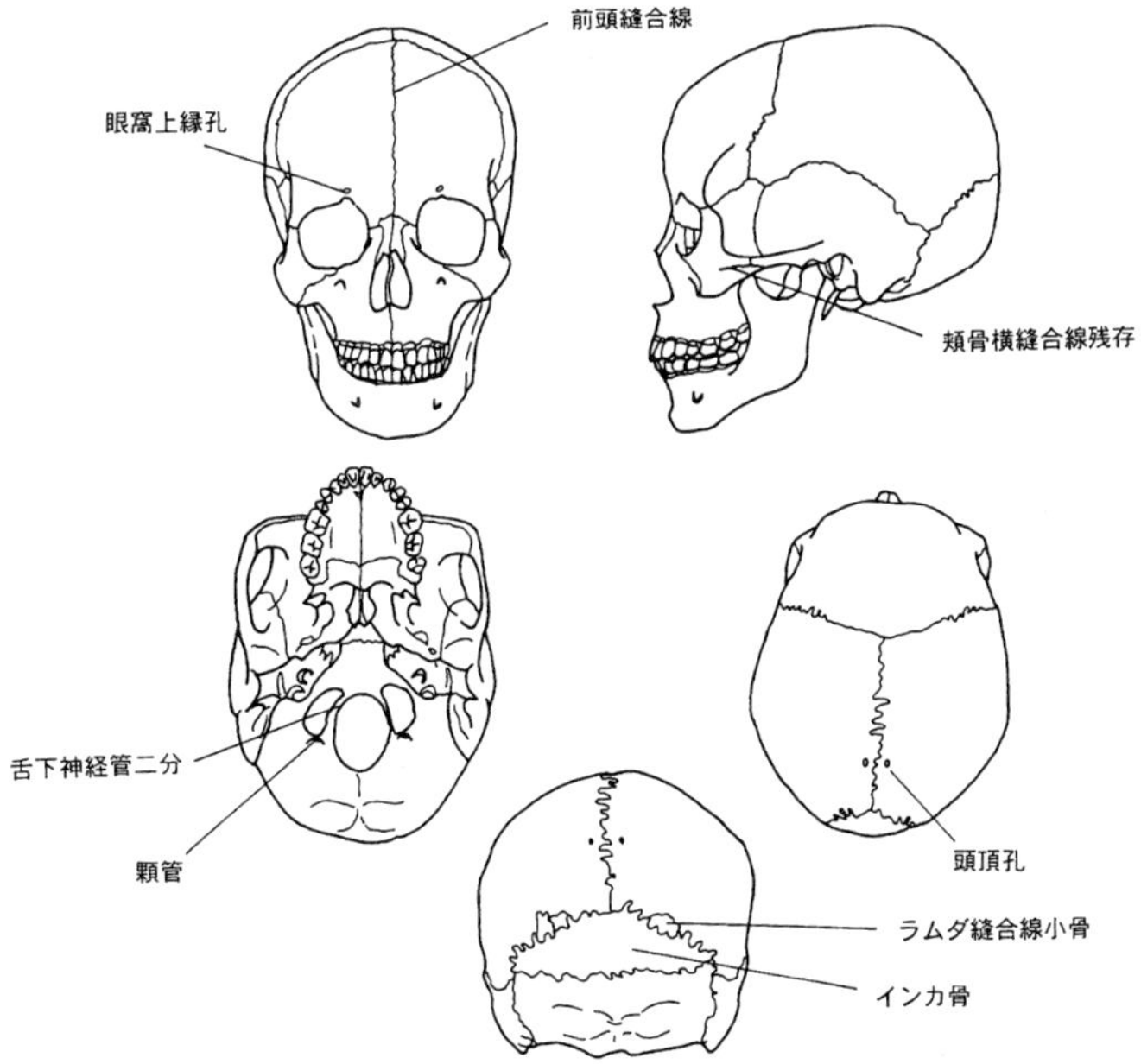

図13　頭蓋形態非計測的小変異の位置（山田2008aより）

容としては、小家族集団よりもさらに上位の人間集団、たとえば非常に平たくいうと、親戚一同や血縁的一族（実際にそこに埋葬された人々はその一部であろうが）などを考えることができるだろう。

このように整理すると、墓地・墓域と埋葬群、埋葬小群の関係は、墓の数的規模からみて以下のようになる。

墓地・墓域 ⊇ 埋葬群 ⊇ 埋葬小群 ⊇ 個別墓

上記の区分に従えば、逆に墓地・墓域とは、墓が群在化した埋葬小群が存在する場所と定義付けることも可能であろう。この場合、縄文時代における墓と墓地・墓域のあり方は、以下のように整理できる。

類型1（単独墓型）…集落内に墓が単独、もしくは散発的に存在し、群在化する傾向がみられないもの。墓地・墓域が形成されていないと考えられる事例である。縄文時代における多くの小規模な遺跡が、これに該当する。

類型2（単独埋葬小群型）…複数の墓が存在し、群在化する傾向のあるもの。全体の状況から墓地や墓域を形成していると考えられるが、内部に空間的な分節構造は確認できず、一つの埋葬小群＝墓地・墓域の形態をとるもの。墓が群在化している状況のみを表す。墓地・墓域構成としてはもっとも単純なものである。おそらくは、単一の家族墓に相当すると思われる。墓林謙作が指摘した秋田県柏子所《かしこどころ》貝塚の事例など、多くの遺跡にみることができるものである。

類型3（複数埋葬小群型）…墓地・墓域内に複数の埋葬小群が存在し、分節構造が確認できるもの。複数の埋葬小群＝墓地・墓域という関係である。おそらくは複数の小家族集団の共同墓地と捉えることができるだろう。たとえば、（晩期）、岩手県蝦島（貝鳥）貝塚、長野県北村遺跡（中～後期）、愛知県吉胡《よしご》貝塚（晩期）や岡山県津雲貝塚（後～晩期）など大規模な墓地・墓域を代表的な事例としてあげることができる。

類型4（複数埋葬群型）…墓地・墓域の中に複数の埋葬群が存在し、さらにその埋葬群内に複数の埋葬小群が存在するという、入れ子状の構造を持つもの。複数の埋葬群＝墓地・墓域という関係で捉えることができる。このことは墓地・墓域内に重層的な分節構造が存在することを指し示している。東日本の大規模環状集落や墓地・墓域において、しばしばみることのできるパターンである。おそらくは、小家族集団よりも上位の人間集団が集合してさらに大きな集団、たとえばリネージやクランといったものを反映したものと思われる。岩手県の西田遺跡（中期）や秋田県の大湯環状列石《おおゆかんじょうれっせき》（後期）などの大規模かつ計画的な墓域がこれに相当するのではなかろうか。

墓地・墓域に反映された社会のあり方は、基本的には類型2から4の順に複雑なものであったと想定できる。また墓地と墓域では、墓の設営場所が集落と分離・区分されているという点から、墓地のほうが、総じて社会的複雑化が進行している可能性を考えてよいだろう。

縄文時代を通してみると、これら類型1～4の時期的なあり方としては、類型1および類型2が全時期を通じて存在する一方、類型3は若干後出するものの、すでに東日本の前期には確認できる。また、類型4についても東日本においては中期の段階で確認できる。しかしながら、西日本において類型4にまで発達した大規模な墓地・墓域はこれまでに確認されてはおらず、わずかに大阪府の向出《むかいで》遺跡などに可能性が残される程度であろう。

集落内における墓のあり方

基本的に縄文時代の墓のあり方は、類型1↓類型2↓類型3↓類型4という流れで捉えることが可能であり、先にも述べたように類型2から4に移行するにしたがって、社会がより複雑化していたと想定される。しかしながら、実際にはすべての墓地・墓域がこのような単線的な複雑化過程を経ているのではなく、各類型が一定地域内にむしろ共存しており、時期を追うごとにそれぞれの類型が付加されていくというのが実態である。このことは、同時にさまざまな形態の社会が存在しえた可能性を指し示すものであり、同じ地域においても社会複雑化が一律に進行したとは言い切れないことを示している。かように、縄文時代の社会を復元することは難しいということだ。

また、特別な人々が一群をなして、墓地・墓域から離れて別の地点に埋葬された可能性も否定はできないが、現在までの資料をみる限り、一部の事例を除いては、そのような確実な事例は存在しないように思われる。この点については、後章でふれることにしたい。

個々の墓、すなわち個別墓の分析を行う際には、その個別墓がどのような墓地・墓域の、どのレベルの群の構成要素となっているのか、正しく理解しておくことが必要である。たとえ同じ埋葬属性を持っていたとしても、類型1の場合と類型3の場合では、その属性に託された意味は異なっていた可能性がある。

分析結果を解釈するための方法論

少し難しくなってしまったが、墓や墓制を研究し、蓋然性の高い妥当な結果を引き出すためには、かなりの数の埋葬属性を分析し、検討しなくてはならないということがおわかりいただけたと思う。さて、問題はここからである。これらの埋葬属性について全部調べることができたとしても、その結果をどのように考えるかで、できあがる論文の内容は大きく変わってしまう。ここが研究者としての腕の見せ所だ。

繰り返しになるが、複数の埋葬人骨が確認されている墓地・墓域の分析を行う場合、通常は各埋葬人骨における埋葬属性をチェックした上で、これら個々の埋葬属性を比較し、埋葬属性相互の間になんらかの傾向性がないかどうか、検討を加える。その場合、被葬者の生前付加属性が判明しているのであれば、それと他の埋葬属性の間に相関関係がないかどうかという点を重点的に検討する。そして、そこで抽出された差異を、生前の帰属社会における様相を反映したものだと理解する。これが、墓制論の基本的な方法論である。

たとえば、静岡県浜松市にある蜆塚《しじみづか》貝塚では、埋葬人骨のうち男性の頭の向きが北側であり、女性の頭の向きが南向きとなっていることが知られている。このように、ある意味で生前付加属性といえる性別と、死後付加属性である頭位方向の間に一定の対応関係がありそうだ、となった場合、次に個々の埋葬地点がどのような位置関係にあるか検討を加えるなど、さらにその差が他の属性によっても表現されていないかどうか、確かめてみるとよい。ここで、男性と女性が別地点に埋葬されている、すなわち埋葬小群を異にするとなれば、生前における男女差が、死後においても頭位方向と埋葬地点という二つの属性によって区別されていることになる。となると、生前の社会においても男性と女性は単なる性差を超えて社会的に厳密に区分されていたという解釈をすることができるだろう。ここで用いられた思考プロセスは

個別墓間における死後付加属性の差異→生前付加属性との相関→生前の社会におけるあり方の反映

という先に述べた方法論と同じである。問題は、墓制から読み取ることのできた生前の社会的な区分が何に起因するものかということだ。ここで、さらに他の埋葬属性と性別との相関関係の有無を調べてみよう。たとえば、装身具の着装状況や副葬品のあり方・質・量などに男女で差があった場合、その社会において男女のどちらが優位な立場に立っていたのか、推察できるかもしれ

ない。そこまでわかれば、それを婚姻後における男女の力関係（単なる夫婦間のバーゲニングではない）の問題として捉え、そのような状況が生じうる社会は父系的な社会だ、いや母系的な社会だ、そうではなく生得的な上下関係だといった考察が可能となるだろう。そのあたりの解釈は、もはや方法論だけの問題ではなく、考古学研究者個々の歴史観にもかかってくることになる。

かつて、とある研究会の席上で「墓制はなんとでも言えますから」と著名な某国立大学教授から言われたことがあった。要は、方法論がないと言いたかったのであろうが、今やその方の考え方は極めて浅いと言い切れる。墓制論にもしっかりした方法論が存在し、その分析方法および研究方法が確立しているということを、ここで明記しておきたい。

縄文の子供たちと家族

子供の誕生

前章までは、墓を研究することの意義やその方法について述べてきた。ここからは、墓からかいまみることのできる当時の人々の暮らしぶりについて焦点を当ててみよう。

等閑視されてきた子供たち

これまで、縄文時代の社会の研究という点に関しては、もっぱら大人の世界を対象としてきたように思われる。これは、私が専門とする墓・墓制の研究でも同じであった。私が考古学を学び始めた一九八〇年代半ば頃では、墓の研究といえば、主に大人の埋葬例を対象とする場合が多かった。また、子供の墓について研究される場合でも土器棺墓が対象となることが多く、それ以外の子供の埋葬例はあまり検討されてこなかった。たとえば、墓制研究上欠かすことのできない古典的業績である清野謙次の『日本貝塚の研究』や、小金井良精《こがねいよしきよ》の「日本石器時代の埋葬状態」などといった人類学の研究者が執筆した書籍や論文には、子供を対象とした土器棺墓についての記述はみられるが、それ以外の子供の埋葬例についてはほとんど記載がない（清野　一九六九、小金井　一九二三）。子供に対しては、特殊な埋葬例以外、あまり興味を向けられることがなかったようだ。

これに対し、考古学研究者の場合はどうであったか。子供の土器棺墓に関しては、坂詰秀一や渡辺誠、菊池実などによる集成的研究がいくつか存在するものの（坂詰　一九五八、渡辺　一九七四、菊池　一九八〇など）、やはりそれ以外の事例についてまとまった研究はないようだ。このような状況をみる限り、一九九〇年代の半ばまで子供の墓の研究は、土器棺墓を除いてほとんど行われてこなかった、ということができるだろう。子供が等閑視されてきた証拠である。

長い間子供が等閑視されてきた理由を学術的に考えてみると、子供の骨が小さく薄いために残りにくいことや、それゆえに出土例もあまり多くなく、子供の墓として認定できる事例が少なかったこと、それに加えて性別・形態差など人骨そのものからの人類学的な情報についても、大人の骨のほうが多く得られることから、子供の骨自体がさほど重要視されなかったことなどが考えられる。また、ひょっとしたら墓制の研究者、ひいては考古学研究者に女性が少ないことも、関係していたのかもしれない。考古学研究者といえども、男性と女性とでは発想や研究テーマが異なる、ように私には見える。「女、子供」が等閑視されてきた理由の一つとしてジェンダーバイ

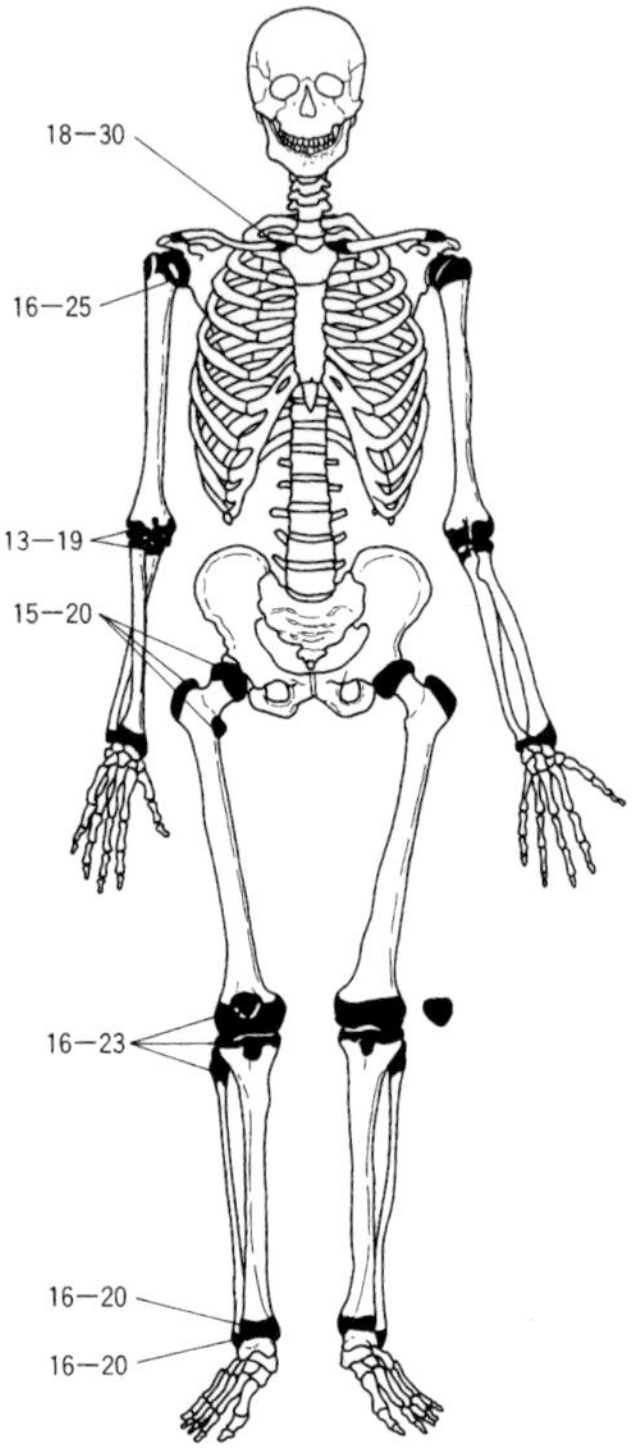

図14　四肢骨骨端部の癒合時期
（谷畑美帆・鈴木隆雄『考古学のための古人骨調査マニュアル』学生社，2004より）

アスがあったことは否めないだろう。

しかし、先にも述べたように、年齢については歯の萌出《ほうしゅつ》状況や頭蓋の三主縫合線《さんしゅほうごうせん》・四肢骨の骨端部の癒着状況などから、大人よりも子供のほうがより細かく推定することが可能である（図14参照のこと。四肢骨の骨端部の癒合時期は、各部位によって異なる）。大人の場合は、成長期を過ぎて壮年期段階を超えてしまうと、五歳から一〇歳刻みといったかなり大まかな年齢推定しかできなくなるのに対し（それでも近年では骨盤の腸骨《ちょうこつ》耳状面の変化や恥骨《ちこつ》結合面の変化などでかなり詳細な年齢を推測できるようにはなってきているが、この方法には相当の経験と鑑識眼が必要らしい）、子供の場合は、保存状態さえよければ、一歳刻みで年齢を推測することができる場合もある。そして、細かく推定できた年齢と埋葬属性のあり方を組み合わせることによって、当時の子供たちの社会的な位置付けや立場、立ち振る舞いなどについて、大人の場合よりも詳細に考察を加えることができる。この点は、成長の早い子供の社会的位置付けの変化を探るには都合がよい。

かつて、私はこの点を利用して、集成した縄文時代の子供の埋葬例約五〇〇例を年齢段階と埋葬属性によって分類し、その傾向を探ってみたことがある。これによって、当時の子供の社会的な位置付けについて考古学的な考察を試みた。それが一九九五年に『日本考古学』第四号に発表した研究論文、「縄文時代における子供の埋葬」であった。

この研究はある程度評価されたようで、論文の発表以降、時代を変えて同じような研究が行われるようになった。また、時を同じくして人類学の分野でも子供に関する研究が多くなり、今や「子供の考古学」や「子供の人類学」が、一つの研究動向を形成しつつある。最近でも、二〇一二年の考古学協会第七八回総会において日本人類学会と共催で「子供の骨考古学—小さな骨が語る歴史—」というセッションが開催された。以下、縄文時代の子供の墓からわかることについて、私の研究をもとに述べていくことにしよう。

子供とは誰か？

子供について語るには、子供の定義が必要だ。世界各地から採集された民族誌によれば、子供が大人になる際にはなんらかの儀礼を伴うことが多い。民族学者のA・V・ヘネップは、誕生や成人、結婚、死亡などのような人生の節目に行われる一連の儀礼のことをイニシエーション（通過儀礼）と呼んでいる（ヘネップ　一九七七）。この言葉は、もはや日常語になっているといってもよく、読者の皆さんもしばしば耳にしたことがあるだろう。

武家社会の男児における元服や、古代の女子における裳着の式など、日本の伝統文化にもみられたように、縄文時代においても成人式が存在したと、その研究の当初から考えられてきた。特に、縄文時代後半期の人骨にしばしば観察される抜歯は、その中心となる施行年齢が、第二次性徴が顕著となる春機発動期にあたること、また民族誌中に同様の事例が存在することから、古くからこれが成人儀礼であったと想定されてきた（長谷部　一九一九、宮本　一九二五、清野・金高　一九二九など）。

抜歯とは、健康な状態の歯を意図的に除去する風習である。抜歯を行う風習は、東アジアを中心として広く世界中に存在する。なかでも日本の縄文時代後半期には東海地方を中心として、抜歯風習は極度に発達し、多い場合には一〇本以上もの歯を除去する事例も存在する。先にも述べたように、抜歯は身体変工の一種であり、生前付加属性であり、かつ不可逆的属性である。したがって、生前における社会的なさまざまな立場を表している可能性が非常に高いと想定される。そのために、考古学・人類学の研究者は、これまで抜歯を手がかりとしてさまざまな精神文化にアプローチを試みてきた。たとえば、縄文時代の抜歯風習について精力的な研究を行ってきた春成秀爾は、除去される歯によってその意味付けが異なっていたことを推定し、成人にあたっては上顎左右の犬歯を除去したものと考えている（春成　一九七三）。

私が確認した抜歯人骨のうち、最も若いものは清野謙次が調査した吉胡《よしご》貝塚四四号人骨の事例である。これはだいたい一三歳ぐらいの人骨であるが、抜歯人骨全体から見た場合、やや飛び抜けて若い事例であり、何か個別の理由がありそうである。また、この人骨は盤状集骨葬という特殊な葬法を用いられた事例でもあるので、そのあたりがますますあやしい。たとえば、女性の場合、初潮、すなわち月経の開始が、子供から大人への節目になるという民族誌は多い。縄文時代にもそのような風習があった可能性は高いと私は考えるが、もしそうであるならば、この一三歳ぐらいの子供は女の子であり、初潮を当時としてはいささか早く迎えたのかもしれない。そしてなんらかの理由で、死後に複葬され、盤状集骨葬例となったのであろう。

ちなみに栄養状態が悪い場合には、初潮年齢は遅くなる傾向がある。逆に栄養状態がよければ早くなる傾向がみられるという。現代の日本ではだいたい一二歳頃が平均で、一〇～一四歳ぐらいに起こることが多いようだ。縄文人がいかに豊かな狩猟採集民であったとはいえ、現代人に比べれば決して栄養状態が良好であったとは言い切れないだろう。したがって、初潮も現代よりは少し遅かったに違いない。アフリカの狩猟採集民における初潮儀礼はだいたい一六歳頃に行われるというデータ（Howell 1979）を参考にして、思い切って推定すれば、縄文人における初潮開始年齢は、遅くともだいたい一五～一六歳くらいであろうか。この年齢になると抜歯された人骨も散見されるようになる。縄文時代の女性は、この年齢ぐらいのところで、成女式を迎えたのであろう。それを裏付けるような資料が、宮城県前浜貝塚から出土している。

この人骨は一五～一七歳の女性のものであり、出土状況から若い母親の埋葬例と考えることができるものである（山田　一九九四ａ）。この女性の埋葬例の頭部付近には土器棺墓があり、中からは赤ちゃんの骨が出土している。土器棺が埋設された位置からして、この女性の子供であったと考えてよいだろう。この子供の人骨は胎齢一〇ヵ月ほどの新生児期のものであることから、女性の妊娠時期はおそらく一六歳以前までは遡るだろう。さらに、この女性は上顎左右の犬歯、および下顎の第一切歯が抜歯されていた。上顎左右の犬歯における抜歯箇所がすでに丸みをおびて閉鎖しているのに対し、下顎の第一切歯における抜歯箇所をよく観察すると、除去後の歯槽がまだきれいには塞がっておらず、粗雑さを残しており、歯槽吸収過程がなお進行中と考えられることから、下顎第一切歯の抜歯の施行年齢は死亡時の半年から一年ほど前、おそらく一四～一六歳頃であったと推定できる。抜歯が人生儀礼にともなうものであるならば、この女性の抜歯の契機は成人・結婚・妊娠などが考えられる。民族誌中では、結婚・妊娠は大人でなければ社会的に認められない場合が多いことから、この女性は遅くとも一六歳頃には大人として扱われていた可能性が大きい。先行して行われた上顎左右犬歯への抜歯は、成人儀礼に伴うものと推定されていることとも合致し（春成　一九七三）、この事例が普遍化できるならば、縄文時代の成女式は、やはり一六歳前後までには行われていたと思われる。またその場合、下顎第一切歯の抜歯は、婚姻ないしは妊娠にともなう儀礼によるものと考えることができるだろう。

　各地の民族誌をみる限り、女性の場合には初潮が大人と子供の区切りとされることが多いようだが、男性の場合にはなかなかそうはいかなかったようだ。というのも、女性の初潮のように明確な身体変化が現れない男性の場合には、大人になったかどうかは身体的な変化に依拠するのではなく、たとえば独立して生計を立てていけるかどうかといった経済的な能力の有無が基準とされたり、あるいは猛獣に立ち向かう、死ぬかもしれないダイビングを行うなどして勇気や体力を試されるなど、さまざまな判定方法が存在するからだ。これらの技術や能力を身に付けるには時間がかかり、したがって女性よりも男性のほうが必然的に大人になる時期が遅くなる傾向がある。なかには与えられた課題や試練を超えることができずに、一生を子供として過ごす人もいるらしい。むろん、結婚も許されず、社会的に認知された形で子を設けることもできない。このような人物が縄文時代にも存在し、抜歯されることもなかったと想定することは、あながち突飛な考えではあるまい。私は、吉胡貝塚や津雲《つくも》貝塚などで少数みられるような、推定年齢上は大人であってもおかしくないのに抜歯のされていない無抜歯人骨が、実はこのような人々であった可能性もあると考えている。狩猟・採集を主な生業とすると経済段階であったからこそ、食料獲得技術の有無・高低は、個々の人物に対する大きな評価項目となったことであろう。二〇歳になれば戸籍上は自動的に成人となれる現代とは異なり、縄文時代においては、特に経済的な力量に乏しく、一生を子供のままで過ごした人も存在したのであろう。いつまでも大人になれない人がいたという点は、現代社会における昨今の状況をみるにつけ、縄文時代も今もあまり変わりないと思うのは私だけであろうか。ただし、その質はだいぶ異なるが。

さて、いろいろと子供と大人の境界をめぐって述べてきたが、縄文時代ではだいたい一六歳頃を境として大人と子供を区分していたらしい。したがって、出土人骨のうち一六歳未満と考えられ、かつ抜歯が施術されていない事例を、ここでは縄文時代の子供として認識することにしよう。

縄文時代の結婚と家族

縄文時代の社会について、一般の方の前で講演を行った際に、「縄文時代の人の結婚ってどんなものだったのですか?」とか、「当時の家族はどんな感じだったのでしょう?」といった質問をしばしば受ける。その場ではいろいろな事例を挙げて話をするのだが、この手の質問に答えることは大変に難しい。まず、家族とは何ぞや?という問題から話を始める必要がある。また、同様に結婚とは?という、一種哲学的な思索からスタートする必要もある。しかしながら、この二つの問題について議論しだすときりがないので、ここではあくまでも常識的イメージの範囲で考えていただきたい。

伝統的な社会では、妊娠・出産はおろか結婚さえも、社会的に大人であると認知されない限り、不可とされることが多い。また、人口数が少なく、人が重要な交換資源であると考えられるような社会では、今日一般的な恋愛結婚などのような婚姻形態を想像することは難しい。この点は縄文時代においても、まず同じであったと考えられる。近年しばしば耳にする「できちゃった婚」などは、おそらく認められなかっただろうし、相手の男は相当な社会的制裁を受けたであろう。

先に検討したように、女性はおよそ一六歳前後、男性はおそらくもう少し遅れて成人式を迎えた後、多くの女性は結婚をしたことと思われるが、その有り様は現在とはかなり異なっていたものと考えられる。たとえば、春成秀爾は住居跡内に埋葬された人々の年齢・性別を手がかりに、縄文時代における複婚制について議論を行っている（春成　一九八一）。これは、夫婦となった男性と女性には、妻・夫以外にそれぞれ複数のパートナーが存在したというものであるが、少々複雑な家族関係を想定しなくてはならない。私のようにできるだけ物事をシンプルに考えたい人間にとっては、縄文時代のイメージとしてしっくりこないところがある。では、具体的な事例から対案を提出することができるのかというと、これも難しい。世界の民族誌における婚姻のあり方からみて、縄文時代には一夫一妻の単婚、ないしは食料が非常に豊かで生活が安定していた地域・時期には、一夫多妻婚もあり得たのではないかと、私は考えている。また、大人の死亡率も現代と比較すると、かなり高かったであろうから、パートナーの死後に、再婚なども頻繁に行われたのではないかと思っている。あくまでも妄想にすぎず、証拠があるわけではない。だが、遠くは外れていないと思う。この点についてもう少し考えてみよう。

図15　姥山貝塚接続溝B1号住居における人骨出土状況（東京大学総合研究博物館提供）

諏訪元と佐宗亜衣子は、姥山《うばやま》貝塚の同一住居（接続溝B1号）から検出された五体の人骨（一～五号、図15）の顔面類似度を検討し、仮にこれらの人骨が家族だったら、どのような組み合わせが考えられるか、検討を行った。その結果、この五体に唯一含まれていた四号幼児期人骨は、一号壮年期女性人骨と三号熟年期男性人骨との間に強い血縁関係が予想された。また、二号壮年期男性人骨と五号老年期女性人骨、一号人骨と五号人骨にもそれぞれ血縁関係が想定された。このことをもとにして復元された家族関係を図化すると図16のようになる。これに従うならば、この五人は親子二世代を含む核家族か、あるいは祖母や孫までを含めた三世代の家族であったということになる（諏訪・佐宗　二〇〇六）。

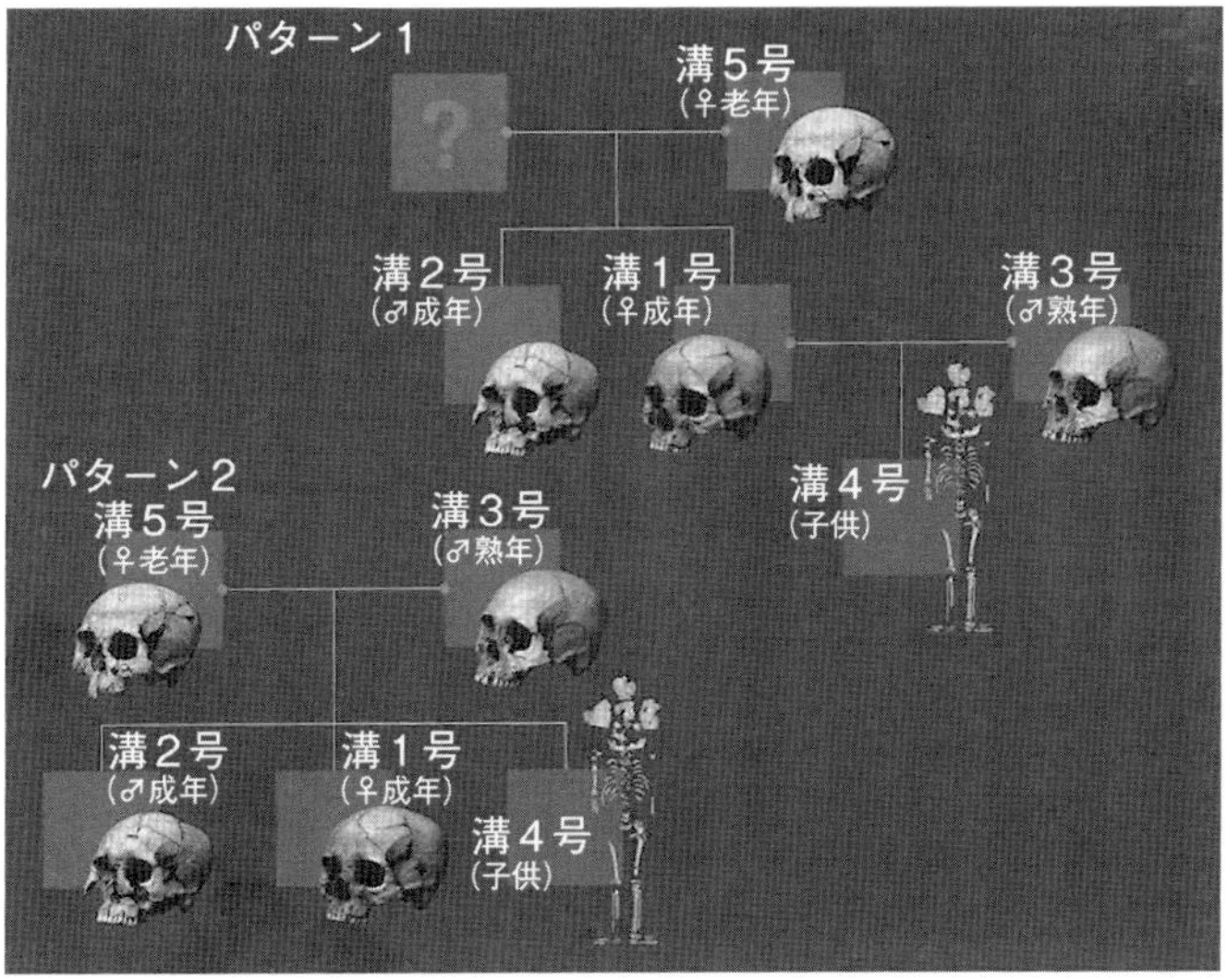

図16　姥山貝塚一～五号人骨に想定される親子関係（諏訪・佐宗2006より）

正直なところ、縄文時代の人々がどのような婚姻形態を持っていたのか、どのような家族構成をしていたのか、現在の人類学的・考古学的証拠から確実な答えをだすことはかなり難しい。難しいから、本書のような検討を積みかさねているのだが、それでもなかなか明快な回答を得ることはできない。なおも想像を逞しくするならば、私自身は、竪穴住居一棟が基本的に一家族の住まいとして対応する限り、その床面積からみて、標準的な竪穴住居には五人から六人程度までの人数の人々が起居したものと考えている。そして、そのような規模の家族集団を想像するならば、当時の家族における最小単位は一夫一妻制を基準とする単婚家族であり、基本的には一つの核家族が一つの住居に暮らしていたのではないかと考えている。ただし、この核家族が経済的に集団内で世帯として独立していたというのではなく、なんらかの形で血縁関係を有する近接するいくつかの核家族が合わさって小家族集団を形成しており、これが経済活動および消費の一単位になっていたとも推定している。また、中国地方をはじめ集落規模が小さな西日本では、この小家族集団が一つの集落を形成していたとも考えている。東日本では、このような単位が複数合わさって一つの集落を構成していたのではなかろうか。

縄文時代の妊娠と出産

結婚後、女性は懐妊したことであろう。妊娠に関するタブーや呪術は、世界中の多くの民族誌にもみることができる。もちろん、日本の民俗誌中にも妊娠に関するものは多く存在する。これらのことから類推して、縄文時代にも妊娠・出産に関する多くのタブーや呪術があったと考えられる。

よくいわれているように、呪術具の一つである土偶《どぐう》には、妊娠した女性をかたどっているものが多い。東日本、特に中部高地の中期の土偶や九州の後期の土偶などは腹部が大きく張り、お腹やお尻、顔などに妊娠線かと思われる文様が描かれており、女性が妊娠した状態を表していると考えられる。山梨県鋳物師屋《いもじや》遺跡出土土偶は、実は私が一番好きな土偶なのだが、いかにも妊娠した女性の姿を写しているとしか思えない（図17）。特にお腹の下のほうを大きく安定的に作っ

図17　山梨県鋳物師屋遺跡出土土偶（南アルプス市教育委員会提供）

図18　山梨県釈迦堂遺跡出土出産土偶（釈迦堂遺跡博物館提供）

ているその形態は、妊娠後期の様子をイメージさせる。

また、山梨県釈迦堂遺跡の出土例には、股間に子供の頭部を模したものと思われる突起が作出されている（図18）。これなどは、まさに出産時の状態を写したものであろう。出産時の情景は、土偶だけでなく土器にも表現されている場合がある。たとえば、長野県唐渡《とうどの》宮《みや》遺跡から出土した土器には、女性が足を広げて立ち、股間から子供あるいは胎盤と考えられるものが出てき

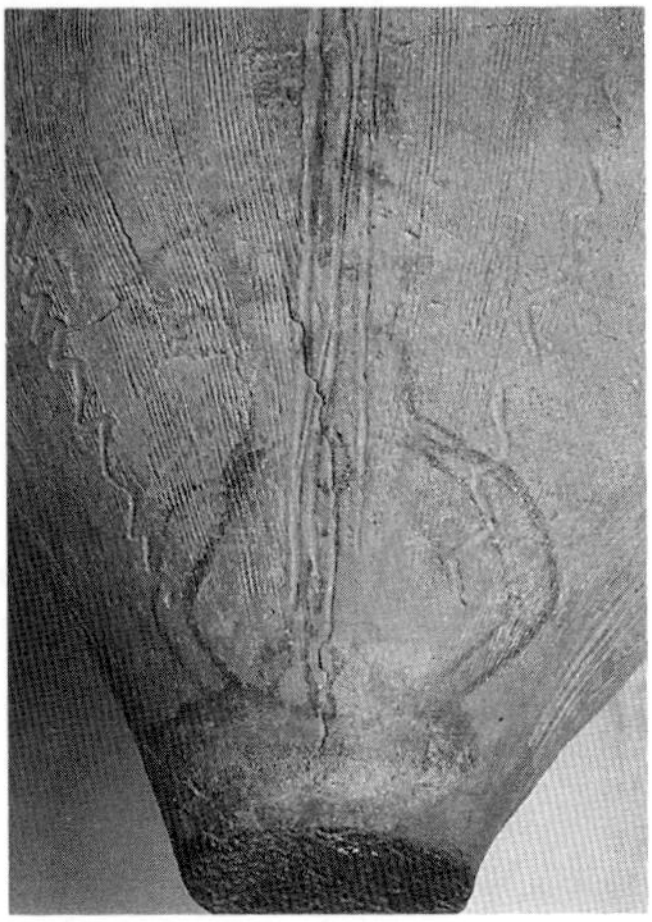

図19　長野県唐渡宮遺跡の人体絵画土器（富士見町指定文化財，井戸尻考古館提供）

図20　山梨県津金御所前遺跡出土　顔面把手付深鉢（北杜市教育委員会提供）

ている場面が描かれている（図19）。また、山梨県津金《つがね》御所前《ごしょまえ》遺跡から出土した土器には人体が作出され、その腹部から人面が顔を覗かせている場面が表現されている（図20）。これらの事例は、いずれも出産時の光景を土器に写し取ったものと考えられる。当時の人々が、妊娠・出産を非常に重要視していたことがわかる証拠であろう。また、これらの絵画や土偶のあり方をみると、いずれも足を広げて立っているないしは膝をまげてしゃがんでいるなどのポーズをとっているものが多い。このことから推察して、当時の出産方法は立産もしくは座産であった可能性が高いといえるだろう。

出産時の事故で亡くなった女性たち

縄文時代には、出産時の事故などで死亡したと考えられる女性の埋葬例が存在する。いわゆる「妊産婦の埋葬例」と呼ばれているものがそれである。

これらの女性人骨には、いずれも新生児期の赤ちゃんが合葬されている、あるいは近接して埋葬されているという特徴がある。それだけではなく、これら「妊産婦の埋葬例」は、同じ遺跡の他の事例と比較して、少々特殊な葬法を採られているという共通性がある（山田　一九九四）。

北海道高砂《たかさご》貝塚から出土した四号女性人骨の骨盤後方からは、周産期にある赤ちゃんの骨が発見されている。通常、子供と大人が合葬される場合は、大人が子供を腕に抱く、あるいは互いに顔を見合わせるなどの埋葬形態をとることが多い。たとえば、福岡県山鹿《やまが》貝塚の事例や大分県枌洞穴遺跡の事例、後述する千葉県古作貝塚の事例などがそうである。したがって、この新生児の人骨が見つかった場所は、一般的な合葬例とは異なるということができる。なぜ、赤ちゃんはこのような場所から見つかったのだろうか。想定される理由の一つは、妊産婦がお腹の中に赤ちゃんを宿したまま、埋葬されたということだ。出産間近の女性が何らかの理由によって亡くなった後そのまま埋葬され、埋葬後の遺体腐敗時に腹腔内にたまったガスの圧力で分娩したということは、遺体の周囲にある程度の空間があれば、十分に考えられることである。この女性人骨は人類学的所見から二〇歳程度であると推定され、まだ若い母親であった。頭を南に向け、左側を下にした屈葬で埋葬されていた。一方、北海道の縄文時代晩期の墓制には、遺体の頭位方向をおおむね北から西側に統一するという風習がある。これは高砂貝塚も例外ではない。しかし、この女性は一人だけ、頭位方向を南側に向けられていた。また、同じ墓地の中では唯一左下側臥屈葬で埋葬されていた。その意味では、通常とは異なったイレギュラーな葬法で埋葬されていたことになる。

妊産婦の埋葬例の中で最も特殊なものは、先にもふれた宮城県前浜貝塚出土例であろう（図21）。この人骨は、今で言えば高校生程度の女性であるが、その顔面に覆い被さる形でイヌが合葬されていた。このような事例は、前浜貝塚出土例以外に確認されてはおらず、本例も特別に呪術的な対応をしたものだと思われる（山田　二〇〇八b）。なお本例は、相原淳一らによって、その出土状況に疑問が出されているが（相原　二〇一二）、私は先の理解を変更する必要は、今のところないと考えている。

この他にも、岡山県彦崎貝塚や鹿児島県宇《う》宿《しゅく》貝塚（ただし時期的に新しくなる可能性もあり）などで妊産婦の埋葬例は確認されており、いずれもイレギュラーな葬法が用いられていることは注意すべきであろう。では、なぜ彼女たちは特殊な葬法で埋葬されたのであろうか。この点について、もう少し掘り下げてみよう。

実は、日本における民俗例中にも、妊娠中あるいは出産直後に死亡した女性を特殊な葬法で埋葬する場合が存在する。たとえば青森県の下北《しもきた》半島では、通常の遺体の場合には火葬を行うところを、妊産婦は特別に土葬にしていた。妊産婦が亡くなった場合には、遺体に水をかけたり、川で洗い清めたりする「流《なが》れ灌頂《かんじょう》」を行う習俗も、茨城から愛媛にかけてのかなり広い範囲で行われた。茨城県稲敷郡桜川村古渡（現在の稲敷市）では、妊産婦の死は特に汚れたものであるとされ、その汚れを清めるために川の流れのあるところに四本の竹を立て、頭髪・櫛・鏡などをつり下げて、千人の女性に水をかけてもらわないと成仏できないとされていた。

また、出産以前に妊産婦が死亡した場合、妊産婦から胎児を取り出して「身二つ」にしてから埋葬する事例は、神奈川・新潟・高知・鹿児島な

図21　宮城県前浜貝塚における妊産婦の埋葬例（東北歴史博物館提供）

どの各県から報告されている。たとえば高知県吾川《あがわ》郡伊野町神谷（現在のいの町）では、妊産婦をそのまま埋葬すると胎児が邪魔になり、成仏せずにさまよいでたり、蘇生したりすることもあるとして鎌で腹を切り開き、籾殻を胎児のかわりに腹の中におさめて埋葬した。恩賜母子財団がまとめた『日本産育習俗集成』には、妊産婦の死亡に関する全国二三三の事例が収録されているが（恩賜母子財団編　一九七五）、それらのうち全体の約二五％にあたる五八例が妊産婦を「身二つ」にして埋葬したとされている。このような風習は北海道アイヌにもみられたとされている。胎児を女性の体内から取り出すという風習が縄文時代にもあったとしても不思議ではないが、その証明は難しい。

大林太良《おおばやしたりょう》によれば、死亡した妊婦を埋葬する際に他の埋葬とは異なった方法をとるという民族事例は、東南アジアにはきわめて一般的に分布しているとされる（大林　一九七七）。たとえば、インドネシアのハルマヘラ島では妊婦の死体の両足を縛り、アンボン島では髪の毛を棺の内部に釘で固定し、腋の下に卵をはさみこむという。このような細工は、妊産婦がさまよい歩くのを防ぐためであるとされている。出産時に死亡した女性の霊がさまよい出てくるという話は、日本でも今昔物語などにおける産女（うぶめ）、あるいは小泉八雲《こいずみやくも》の文章にも取り上げられた松江市大雄寺の「飴を買う幽霊」などとして知られている。妊産婦の死を異常なものとして埋葬時に他と異なった属性を付加するという事例は、どうやら地域や文化圏を超えて普遍的に存在するようだ。

一般的に民俗学の分野では、妊娠や出産そのものが「穢れ」であるとされている。「穢れ」た状態（赤不浄）の女性がさらに死の「穢れ」（黒不浄）を引き起こすのであるから、妊産婦の埋葬時に通常の埋葬とは異なった扱いをするのは当然といえば、当然であろう。このような民俗誌にみられる考え方が、そのまま直接的には縄文時代まで遡るとは考えられないが、埋葬例からみる限り、妊産婦の死を通常とは異なった異常なものとして扱うという考え方は、縄文社会にも存在したと考えてもよいだろう。縄文時代にも妊産婦に対する特別な配慮があり、万が一死亡した場合には特別な対応をし、特殊な埋葬を行ったことは間違いない。

子供たちの成長

年齢段階別にみた子供の埋葬

子供が成長していく姿をみるのは嬉しいものだ。ある程度身体的には成長した大学生をみていても、四年の間に学問的・人間的に大きく成長をとげる場合があり、改めて成長とは体格だけではないということを痛感させられる。これが小学生や中学生といった成長期の児童・生徒ならば、なおさらであろう。本当に若い世代の成長は早い。まさに「後生畏るべし」である。

現代日本の場合、幼稚園から小学校・中学・高校・大学といった六・三・三・四の教育課程は、おおよそ幼児期・小児期・少年期・思春期・青年期といった子供の発達年齢段階に相当している。上の学校に進学するたびに、期待される社会的な役割も変化していったことは、すでに成人を迎えた読者の方々にも身をもっておわかりいただけるだろう。では、縄文時代の場合はどうであったのか。

子供の年齢段階については、これまでにも形質人類学・民俗学・社会心理学などの立場からさまざまな設定がなされているし、文化人類学の視点からも、民族誌中に観察できた年齢段階についての考察が発表されている（マリノウスキー　一九七一、ヘネップ　一九七七など）。しかし、各領域間で設定された年齢段階の区分、およびその根拠は多様であり、どうやら各学界を超えて横断的に統一された基準は存在しないようだ。そこで私は、それぞれの学問領域での知見をふまえ、これに縄文墓制上の知見を加えて独自に五段階の分類基準を設け、これを研究に使用している。この年齢段階は、埋葬例からうかがうことのできるライフヒストリーともうまく整合している。以下、縄文時代における年齢段階別の埋葬例をもとにしながら、子供の様子を復元してみよう。

新生児期の子供たち

この年齢段階の子供は、発掘調査報告書で胎児、新生児、死産児と記述されることが多い。通常、胎児とは母体内にあるものを指し、新生児は出産直後のものを表すなど、これらの語の意味は厳密には異なる。しかしながら、実際問題として埋葬例そのものからこれらを分離するのは困難であるため、本書では一括して新生児期として把握している。

民俗事例では、出産直後に死亡した新生児や死産児は大人が死亡した場合とは異なった遺体の取り扱い方をされるものが多いことが知られている（最上　一九六〇、恩賜財団母子愛育会編　一九七五)。また、縄文時代の土器棺の中から出土する人骨にはこの段階のものが多く、(菊池 一九八三、山田 二〇〇二)、特に東北地方の晩期ではその傾向が顕著である。この点からも、この年齢段階の子供が特別視されていたことがわかる。

新生児期の子供の骨は、きわめてきゃしゃである。手足の骨(四肢骨、上腕骨や大腿骨・脛骨など)は、綿棒ほどの長さしかないし、頭の骨(頭蓋)いたっては、厚紙程度の厚さしかない。しかしながら、綿棒程度の大きさしかなくとも、人類学的には四肢骨の骨化長からある程度の週齢を推定することが可能である。週齢とは、胎児が受精後何週間経過しているかを指し示す年齢単位であり、月齢も同様である。かつて長谷部言人《はせべことんど》は、土器棺内から出土した人骨の四肢骨長を測定し、それを現代の胎児における四肢骨長と比較した。その結果、土器棺内の人骨の月齢は九ヵ月から一〇ヵ月であったことを明らかにし、出生後の事例ではなく、これらが死産児であったと推定した(長谷部 一九二七)。

現在では森田茂らの研究によって、四肢骨の化骨長を測定することで、より細かく新生児期の人骨の週齢を推定することができる(森田他 一九七三)。管見にふれた新生児期の埋葬例のうち四肢骨の化骨長が測定されており、週齢が推定できるものは二四例存在する。これらの週齢をグラフに表したものが図22である。これをみると、単純土坑などへの埋葬例は週齢三二週から三七週の間にピークがあるのに対して、土器棺葬例では三八週から四〇週を超えるものが多いことが

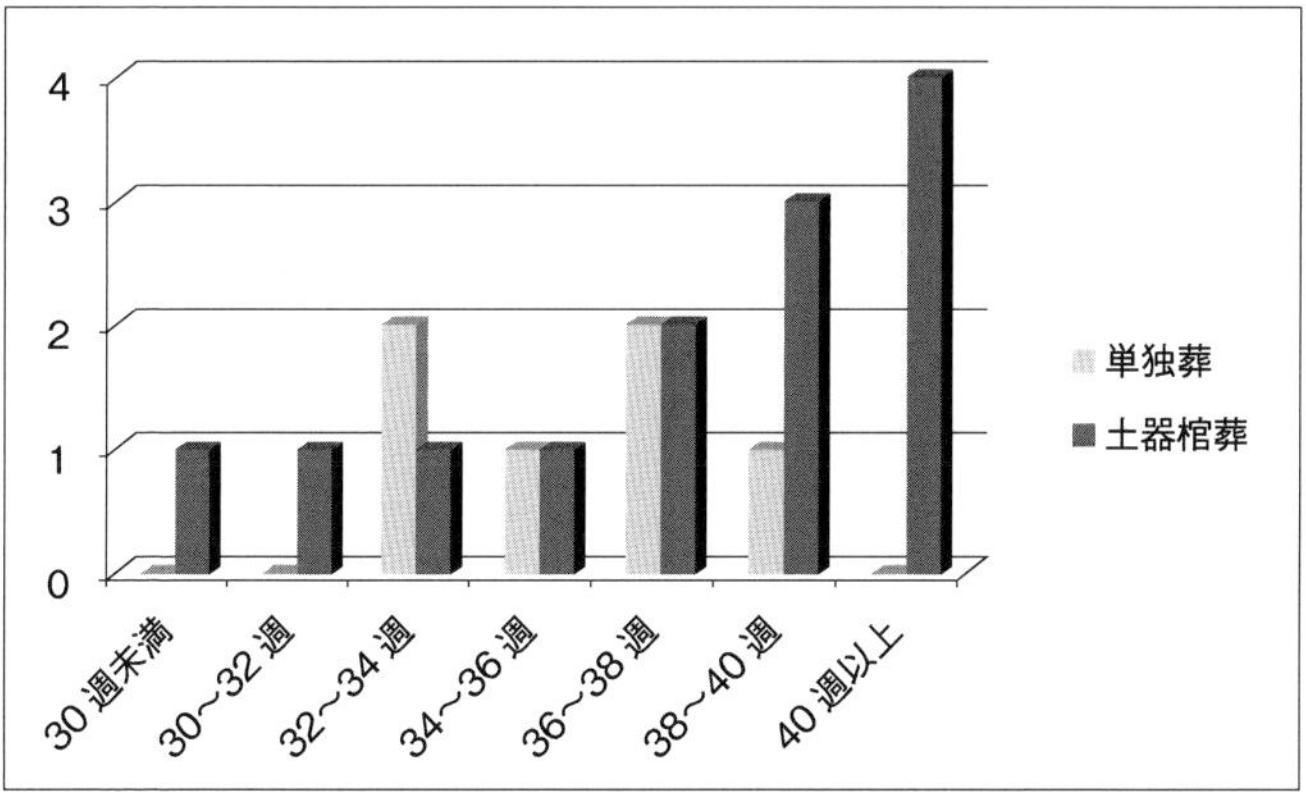

図22　土器棺墓および土坑墓出土の新生児期人骨の週齢

わかる。このことから、全体的には単純土坑などからの出土例よりも土器棺葬例のほうの子供が成長していた可能性を指摘できる。

宮城県田柄《たがら》貝塚や里浜貝塚、岩手県中沢浜貝塚などでは、新生児期の埋葬として、単純土坑などへの埋葬例と土器棺葬例の二者が存在することがわかっている。新生児期の事例が、一律に土器棺内に埋葬されないということは、この両者のあいだになんらかの差異が存在したことに他ならない。それはなんであろうか。

通常、胎児は週齢二四週から二八週以後になると呼吸器系が完成し、子宮外における生存が可能となるが、それ以降の時期には皮下脂肪の蓄積など体力の増加がみられるようになる。さらに、三八週頃から子宮内での胎児の位置が確定し、出産に備えられるようになる（藤本　一九八三）。また、胎児の体重増加率は三八週以後に低下する。これは、胎児の急激な成長に栄養補給が追いつかなくなったという理由だけではなく、出産後の環境変化に対応するために栄養が使われるようになったことも原因として挙げられる。たとえば、三八週以降の胎児の細胞内にはグリコーゲンが貯蔵されるようになり、これは出産後の温度変化や低血糖に対処するためと考えられている（木村　一九七九）。したがって、週齢三八週以降の胎児は出産時、あるいは出産後の外界からの刺激にある程度耐えることが可能であり、それ以前の週齢の胎児よりも丈夫であったと考えることができる。このことは九ヵ月を過ぎた胎児に、死産児が急激に少なくなることからも推測できる。

上記の点と、土器棺内に埋葬された新生児期の子供には週齢四〇週を超えてある程度成長しているものが多いこと、また、関東地方の土器棺墓の中には乳児期や幼児期の子供も埋葬されている例があることなどを考え合わせると、土器棺内の新生児期の子供は長谷部が述べたような死産児ではなく、むしろ出産直後にはまだ生きていた生産《せいざん》であった可能性が高く、新生児早期死亡例であったと思われる。これとは逆に、単純土坑などに埋葬されたものこそ死産児であった可能性が高い。すなわち、単葬に限った場合、土器棺あるいは単純土坑のどちらに埋葬されたかという埋葬形態の違いは、出産時の生死に関係したものであったと推定できるだろう。

世界の民族誌の中には土器を母胎として捉え、再生の象徴としている場合が多く見受けられる（エリアーデ　一九七一）。縄文時代においても、先に述べたように出産の光景を写し取った土器が存在し、また、妊娠した様を表現した土偶がわざわざ土器を抱えているものもあることからみて（図23）、土器が誕生（新生）や再生の象徴として利用されていた可能性は高い。生産であったのに、その後死亡した新生児の埋葬にあたって土器が用いられた理由は、土器自体を母胎になぞらえ、再生を祈願したからにほかならないだろう。当時の人々は同じ子供であっても、生産である程度の日数を生きながらえたものに対してのほうが再生を願う気持ちがより強く働いたのかもしれない。ただし、今の話はまだまだ事例数が少ないために、あくまでも仮説の域を出ていない。今後の資料の増加を待つ必要がある。

さて、無事に出産した後の状況については、土偶から推測することができる。たとえば東京都宮田遺跡から出土した土偶は、赤ちゃんを腕に抱いた様を表現している（図24）。赤ちゃんはおくるみに包まれていたのであろうか手足の表現はないが、母親の乳房付近に顔がきており、あたかも授乳している光景を彷彿させる。青森県沖中遺跡から

図23　土器を持つ土偶（複製品，岡谷美術考古館提供）

図24　東京都宮田遺跡出土子抱き土偶（国立歴史民俗博物館提供）

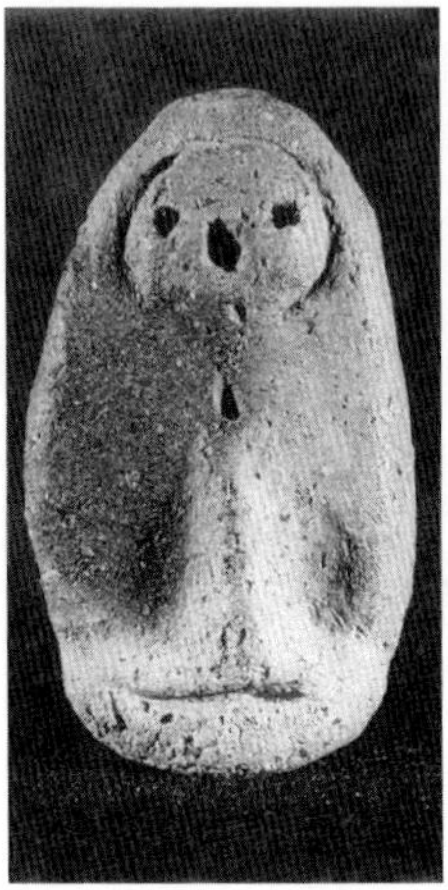

図25　青森県沖中遺跡出土赤ちゃん土偶（三戸町教育委員会提供）

は、おくるみに包まれた赤ちゃん土偶が見つかっているが（図25）、顔の表現方法には、宮田遺跡と共通するものがある。これらの土偶からは、縄文時代の母親たちが、横座りで子供を抱いて授乳していたこと、赤ちゃんはおくるみのようなもので包まれていたことがわかる。その様は、今も昔も変わらないということができるだろう。なお、話はやや前後するが、このように一連の土偶をみていくと、土偶に表現された形状は妊娠→出産直前→出産時→出産後というように出産前後の情景を捉えているものと考えることができ、土偶そのものが、新たな生を産み出すという象徴性を持った呪術具であったことが、改めて認識される。

図26　宮城県田柄貝塚における双子？の合葬例（東北歴史博物館提供）

この年齢段階の埋葬例のうち、ことさら興味深いのは、北海道コタン温泉遺跡や宮城県田柄貝塚、大分県枌《へぎ》洞穴にみられる新生児期の子供同士の合葬・単葬例である。合葬されたタイミングからして、ほぼ同時期にまったく関係のない別の新生児が二人亡くなるということは、まず考えられないだろうから、これらは縄文時代における双子の埋葬例と解釈できるものである。当時においても、双子が生まれることがあったという証拠であろう（図26）。

また、この年齢段階において、民族誌や民俗誌との比較において気になるのは、いわゆる間引きが存在したのかどうかという点である。これについては、かつて横山浩一が控え目に提言しているが（横山　一九七五)、現在までに明らかに間引きが行われたと考えられる事例は出土しておらず、その意味では縄文時代に広汎に間引きが行われていたとは言いがたい。しかし、岩手県貝鳥《かいとり》貝塚のように、多くの新生児期の人骨が散乱状態で出土する場合があるのも事実である。これらの事例については、間引きされた子供のである可能性もあるが、実際問題として、考古学的資料から間引きされたものとそうでないものを峻別するのは難しいだろう。ただ、縄文時代における新生児の死亡率は、おそらくかなり高いものであったと推察されるので、私は人口数をコントロールすることを目的とした間引きをする必要はなかったのではないかとも考えている。あり得るとしたら、民族事例からみて婚外子の場合だが、これとてなんら証拠があるわけではない。

乳児期の子供たち

人類学的検討によって、おおむね五、六ヵ月～二歳ぐらいとされたものが、これに該当する。この時期には乳歯が萌出し、明確な形での身体的な変化が観察できるようになる。また、この時期に独り立ちをするようになり、運動機能の発達も著しい。話し言葉のほうでも、あれ・それ・これといった指示語を使うようになってくる。お人形のようだった赤ちゃんが、次第に人へと成長していく様子が感じられる時期でもある。これらの変化をもって年齢段階を区分する事例は、民族誌中にもみることができる(マリノウスキー　一九七二)。

茂原信生は、長野県北村遺跡出土人骨や千葉県城之台南貝塚出土人骨に、だいたい二歳前後の頃に歯に形成されたストレスマーカーであるエナメル質減形成が多く観察できたことから、この時期を縄文時代の離乳期と推測している（茂原　一九九三、一九九四）。現代ではだいたい一歳半前後を目安に離乳・断乳を奨めることが多いと聞くが、離乳時期は母親が一個の労働力としてどれだけ期待されているかという割合と相関があるとされる。東南アジアの事例では、都市部ほど離乳時期は早く、地方ほど離乳が遅くなるというデータがある（和仁　一九九九）。これは、都市部の方が出産後より早く労働を開始しないと生計を立てられないとの理由のようだ。また、私が以前勤務していた博物館のある町では、母親に体力的・経済的な余裕があるならば二～三歳ぐらいまでは授乳していたという話をよく聞いた。これらを勘案すると、縄文時代の離乳期が二歳前後というのも、まあそれくらいだろうかという気がする。この成長段階の子供が、大人の食物をそのままの形で摂食できたとは考えにくいので、何かしら離乳食に相当するものがあったのだろう。

さて、縄文時代の場合、この年齢段階までの子供が大人と合葬される際には、必ずといってよいほど女性と合葬される。合葬の契機が同時死亡に求められるのであれば、乳児期までの子供は、男女を問わず基本的には母親と行動をともにしていた、母親の傍で育ったと考えることができるだろう。子供の性別は、人骨からではよくわからないが、授乳の関係上、男の子も女の子もこの時期には母親と一緒にいたものと思われる。

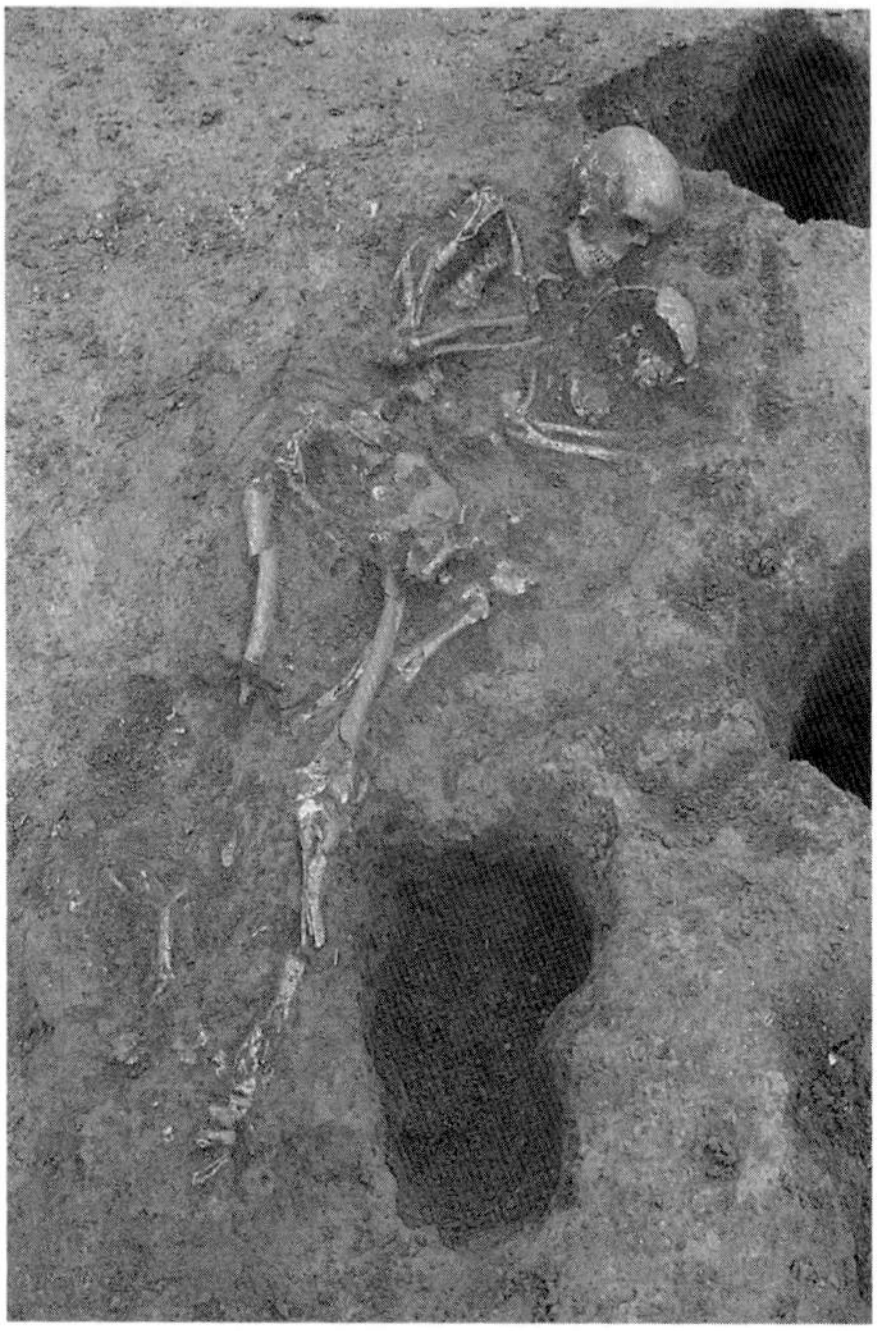
図27　千葉県古作貝塚における母子合葬例
（船橋市教育委員会提供）

これを傍証するかのような母子合葬例が、千葉県古作《こさく》貝塚や加曽利《かそり》北貝塚から見つかっている。古作貝塚の七号壮年期女性人骨は、その腕に二～三歳頃の乳幼児期の子供を抱いた形で埋葬されていた（図27）。状況からみて、両者は親子であったと思われるが、親が子を抱いた形で埋葬されているということ自体が、当時の母と子の関係性を表している。また、加曽利北貝塚一号女性人骨の背中からは、乳児期の子供の骨があたかも背負われたような形で出土している。これなどは、母親と子供が合葬される際に、子供が背負われてそのまま埋葬されたものと考えることができるだろう。母親が子供を背負うという情景は、土偶にもそのまま写されている。石川県上山田遺跡から出土した土偶は、母親が背中に子供を背負った様を模している（図28）。縄文時代にも子供を背負うという習慣があったことが判るとともに、この年齢段階までの子供が、母親と行動を共にする際に背中に負われていたことが推定される。

図28　石川県上山田遺跡から出土した子負い土偶（かほく市教育委員会提供）

幼児期の子供たち

人類学的な検討によって、おおむね三〜五歳程度とされたものが対象となる。この時期には片言から話し言葉としての完成まで、言語能力が飛躍的な発達をみせ、集団生活が可能となり、一個の人格として集団に参加できるようになる。はしる・とぶ・ける・つかむ・もつなどの行為が可能となり、自我が芽生え、自己を主張するようになる。また、乳歯の萠出も全て完了し、大人と同じ食物を摂取できるようになる。母親の庇護から離れて単独で行動を開始する時期でもある。

この年齢段階になると、土器棺内に埋葬される事例は、関東地方や九州を除き、格段に少なくなる。埋葬形態も、単純土坑への土葬が一般的となり、その意味では大人の葬法と変わらなくなる。注目しておきたいのは、この年齢段階から、次第に複葬される事例がみられるようになっていくことだ。

また、この年齢段階になると土器棺墓例であっても、それが単葬であったとは限らない。たとえば、熊本県轟《とどろき》貝塚で検出された土器棺墓からは、幼児期の子供の骨が出土しているが、土器の大きさからみて、とても幼児の体がそのまま入るとは思えない。このような事例は、複葬例であった可能性が強いといえる。

縄文時代の墓制における全体的な傾向として、複葬は原則大人に対して用いられる葬法である。それが、幼児期の子供にも散見されるようになるということは、大人の葬法ひいては大人の世界に一歩近づいているという状況を想定できるだろう。

複葬といえば、関東地方の後期初頭には、一度どこかに埋葬した遺体を再び寄せ集めて、一ヵ所に埋葬しなおす多数合葬・複葬という葬法をとる事例が多くなる。これに含まれる子供を年齢段階別にみてみると、新生児期と乳児期の事例はほとんど確認されないが、幼児期の子供はこれに含まれるようになり、それ以降年齢段階が上がるにしたがって事例数が増加していくという傾向を示す。まさに土器棺葬例と逆の傾向性を示しているといえるだろう。同様の傾向は東北地方においてもうかがうことができる。岩手県上里《うわさと》遺跡からは、住居跡内に掘り込まれたフラスコ状土壙の中から七体の多数合葬・単葬例が検出されている。このうち三体が子供の埋葬例であり、いずれも幼児期以上の事例である。つまり、この手の特殊な合葬例の中に、乳児期以下の子供は含まれないが、幼児期の子供は含まれるということだ。

私は、このような多数合葬例が祖霊崇拝のモニュメントであり、集団内の帰属意識を高める装置として機能したものと考えている（山田　二〇〇八b）。私が発掘に参加した茨城県中妻《なかづま》貝塚出土例や愛知県保美貝塚出土例には、複葬時に元の墓を掘り上げる際についたと思われる人骨の損傷はほとんど見られなかった。このことから、複葬を行った人々は最初に埋葬した場所を正確に知っており、そこから遺骨を丁寧に取り上げたことが予想できる。複葬を行った人々（埋葬者）に、かつてともに暮らしたという記憶があればこそ、そのような配慮がなされたのであろう。とすれば、この手の多数合葬例の場合、かつて集落構成員として認められた人のみが複葬の対象になったとも考えることができる。その意味で、多数合葬例に含まれる子供に幼児期以降の事例が多いという事実は、幼児期をもって集落の構成員として認められたという可能性が高いと思うのだが、いかがだろう。

さらに注目しておきたいのは、子供がこの年齢段階にまで成長してくると、大人の男性とも合葬されるようになるということである。大人と子供の合葬例は、親子などの血縁関係者である可能性が高く（山田　一九九六）、日常生活を共にしていたと考えられる。先も述べたように、合葬される契機が同時死亡、ないし短期間の連続死亡であるならば、合葬された大人と子供は死亡直前に一緒にいて行動を共にしていた可能性が高い。となれば、幼児期の子供、すなわち離乳した子供は、母の手を離れて男性、おそらくは父親と行動を共にするようになっていたことになる。幼児期を境にして子供の行動範囲に変化が生じたとみるべきであろう。

その意味で、大人二人と子供一人という三体合葬例の性別内訳は興味深い。三体合葬例は現在までに五例出土しており、そのうち宮城県田柄貝塚および愛知県枯木宮《かれきのみや》遺跡の事例が男性のみ、福岡県山鹿《やまが》貝塚出土例が女性のみ、広島県太田貝塚・愛知県吉胡貝塚出土例が男女との合葬例である。大人の性別をみると、男性あるいは女性のみに偏ることがある。合葬の契機を同時死亡に求めるならば、その死因は日常生活中における事故などの外傷によるもののほか、飲食などによる一斉中毒も想定可能だ。子供が男性だけ、あるいは女性のみと行動・飲食をともにする場合があったのであろう。このことは、縄文時代の大人の男性と女性が、日常生活を行うにあたり、通常は別々に性別集団をつくって行動をしていたことを表しているとともに、幼児期以降の子供がその性別によって、男性集団あるいは女性集団とともに行動するようになっていったということを示している。幼児期以降の子供たちは、大人の男性集団、女性集団と行動を共にすることで、次第に性別分業のあり方を身につけていったことであろう。おそらく、この時代における男らしさ、女らしさというジェンダー教育も行われていたにちがいない。

ここで興味深い資料を紹介しておきたい。山梨県釈迦堂遺跡からは、子供が握った粘土の固まりをそのまま焼成したものが出土している。このような遺物は焼成粘土塊と呼ばれ、縄文時代の遺跡からはしばしば出土し、土器を焼成する際の試し焼きに使われたものと考えられている（富田　一九九二）。しかし、大部分は大人のものと考えられ、子供の事例は珍しい。同様の事例は、北海道の蛇内《へびない》遺跡からも出土しており、こちらの場合にはなんと子供の歯形がつけられている。民族誌によれば、土器の製作は圧倒的割合で女性の仕事である。土器を製作している女性たち、おそらく母親も含まれていたことであろう、そのまわりで粘土遊びに興じている子供の姿が想像できる。育児経験のある方ならご理解いただけると思うが、子供は泥や粘土のようなネバネバしたものが大好きだ。それは縄文時代の子供とて同じだったのだろう。

当時の人々の一生における子供の期間の中で、幼児期というものは集団構成員としての認知、性別を含む大人の世界への仲間入りなど、社会的な位置付けに大きな変化を伴う転機であった。これは今も昔も変わらないといえるのではないか。

人類学的な検討を経て、おおむね六～一二歳とされたものが対象となる。この年齢段階は、乳歯が脱落し、永久歯が萠出を始める時期である。民族誌中には乳歯の脱落と子供の時期の終わりを重ねて捉える事例をみることができ（ヘネップ　一九七七）、この点から類推して、縄文時代にも歯の萠出状況による区分があったかもしれない。また、運動能力の面からも、一個の労働力として期待されるようになる時期でもある。

小児期の子供たち

さて、縄文時代における小児期の子供たちはどうであったろうか。実際のところ、この時期の子供たちは、埋葬例からみても基本的に幼児期の延長上にあるといえる。幼児期よりも体格的に大きくなるので、その分だけ土坑の規模が大きくなるなどの変化はあるが、土器棺墓に埋葬されなくなる、複葬例が多くなるなどの傾向は幼児期の状況がそのまま引き継がれ、より大人のあり方に近くなっていく様子がうかがえる。

このように書くと、いやにさっぱりあっさり記述しているなと思われるかもしれないが、事例数が少なくなることもあり、埋葬例からうかがうことのできる情報はさほど多くはないのである。逆説的にいうならば、この時期まで成長してくると、よほどのことがない限り、子供は無事に成長を遂げていったということで、こんなにめでたい話はないだろう。

出土した人骨の検討によって、おおむね一三〜一六歳程度までとされたものが対象となる。この時期は第二次性徴が発現し、生殖が可能となるとともに、身長や体重が急激に増加し、ほぼ大人と変わりない生活が営めるようになる時期でもある。

思春期の子供たち？

実は、思春期の子供の事例は、他の年齢段階の数に比べるとかなり少ない。子供の埋葬として数の上で中心になるのは、基本的に小児期段階以下の年齢であり、思春期段階の事例はそう多くない。その理由は、先の小児期の場合と同じである。

また、大人との合葬例もほぼ皆無であることも興味深い。民族誌などでは、成人直前の子供たちが若者組などの年齢集団を形成している場合があり、大人たちとは行動を異にしている事例も報告されている。縄文時代においても、この時期の子供たちが、大人とは別行動をとっている可能性もある。

先に述べたように、この年齢段階になると抜歯を施された事例も散見されるようになる。この年齢段階に達した若者は、もはや年齢だけで子供として一括りできるような状況ではない。個々の身体の発達具合その他の条件によって、人よりも早く大人への階段をあがる者もいたのであろう。

以上、年齢段階別に子供の埋葬例を概観し、そこから子供たちのライフヒストリーに言及してみた。子供の埋葬例の全体的な傾向としては、まず単独・単葬例こそが子供の埋葬例としては一番多いことを指摘しておきたい。つまり、子供の墓制としての土器棺葬例は、きわめて限定的なものであるということである。また、その土器棺葬例も年齢段階が上がるごとに減少し、多数合葬・複葬例としての出土が増えていくことなども考え合わせ、遺体の取り扱い方が子供の埋葬形態から大人の埋葬形態へと年齢段階ごとに変化してゆく様子がわかる。以下では子供の墓について、いくつか興味深い点を記述しよう。

子供はどこに埋葬されたのか

ある程度の面積を発掘した調査例で、子供のみが集中的に埋葬されていたというような場所、すなわち子供の墓地・墓域が確認されたような遺跡は現在までのところ存在しない。遺跡によっては、子供の数が多いなどの偏りがある場合もあるが、通常、大人と子供は同じ墓地・墓域内に埋葬されている。岡村道雄は、大人の埋葬数と比較して、大人の墓域に組み込まれた子供の埋葬数が少ないことから、これを人口構成から考えて不自然であるとして、大人とともに埋葬された子供は集落あるいは一族の長を世襲することになっていたのではないかと推測する（岡村　一九九三）。しかし、骨格の緻密質の厚さを考えるならば、大人の骨は遺存しても、子供の骨は消失してしまった事例はかなりの数にのぼるだろう。その点を考慮すると、少量の装身具や人骨の数のみでこのような議論をすることは、ちょっと言い過ぎかなという気がする。

しかしながら、子供の埋葬例と大人のそれとの埋葬地点を比較してみると、子供の埋葬例は住居跡に絡んで出土する場合が多い。たとえば、千葉県権現原《ごんげんばら》貝塚や西広《さいひろ》貝塚、殿平賀《とのひらが》貝塚、埼玉県黒谷《くろや》貝塚出土例などは住居跡の床面から掘られた土坑内に子供が埋葬されていた。また、千葉県貝の花貝塚や矢作《やはぎ》貝塚、静岡県蜆塚《しじみづか》貝塚などでは子供が住居跡内に埋葬されていたのに対して、大人は屋外に埋葬されていた。これらはいずれも住居内土坑などへの単独埋葬例であり、住居跡内における子供の土器棺葬例は、東京都西ヶ原貝塚や西広貝塚に可能性の高いものがあるが、いまだに確実視できる事例は存在しない。

子供の埋葬例が、なぜ住居に近接するのかということであるが、これについてはさまざまな解釈を行うことができるだろう。たとえば、日本民俗学にみることができるような子墓の風習である。生まれたばかりの赤ちゃんだけではなく、「七歳までは神のうち」といわれるように、幼児期くらいまでの子供は、大人の墓地に埋葬しないという民俗は、日本に広くみることができる。その場合、家の敷地内や出入り口などに埋葬する場合があるという。このような住居内への子供の埋葬例については、木下忠氏をはじめとして多くの研究が存在する（木下　一九八一など）。また、竪穴住居を人の母胎に見立てて、それゆえの親近性を考えるむきもある。いずれの理由であるのか、あるいはまた異なった理由であるのか定かではないが、子供と住居の親和性については認めておいてもよいだろう。

子供の墓の大きさ

子供の墓の規模、すなわち土壙（単純土坑）の長軸長については、すでに瀬川拓郎が、長軸長が一メートル以下のものは子供の埋葬例であると指摘している（瀬川　一九八〇）。年齢段階別にみた屈葬例の土壙長軸長の分布をみると、新生児期の埋葬例は大体〇・五メートル以下であることがわかる。乳児期の埋葬例は〇・四〜一・〇メートルの間であり、幼児期の埋葬例は、例外があるものの大体〇・五〜一・〇メートルの間に納まる。年齢段階が上がるにつれて、土壙は大きくなっていく。このことは当時の人々が、遺体の大きさに合わせて土壙を掘ったということである。小児期になるとピークが〇・七メートル〜一・一メートルの間にあり、一メートルを超えるようになる。

一方、長野県北村遺跡において、大人の屈葬例で土壙長が〇・八メートルの事例が検出されていることから、小児期以降の埋葬例と大人の埋葬例は、埋葬姿勢のありかたによっては厳密には土壙長からは区別できないことになる。したがって、瀬川が述べたように土壙長が一メートル以下のものを全て子供の埋葬例とすることには問題がある。しかし、副葬品・装飾品が存在したり、ベンガラが散布されるなど墓として確実に認定できるものであるならば、土壙の長軸長から幼児期段階以前事例については、ある程度年齢段階の推定が可能である。とくに〇・八メートル以下のものは子供の埋葬例であると判断してもよいだろう。

子供の装身具・副葬品

子供の埋葬例に伴った副葬品・装飾品は、それほど多くはない。以前に集成した子供の埋葬例約五〇〇例のうち、副葬品・装飾品が伴っていたものは全体の約六%にすぎなかった。事例としては後期以降のものが多く、大人のそれと同じ傾向がある。

副葬品・装飾品としては、小玉などの玉類、貝輪・石鏃・イノシシ犬歯製装身具・ヒトの女性下顎骨加工品などがある。多いのは臼玉《うすだま》や小玉類であり、全部で七例が確認できた。時期的・地域的には晩期の北海道から東北地方にかけての出土例が多い。今のところ最古の例は、早期の滋賀県石山《いしやま》貝塚出土例であり、これはツノガイという細長い巻貝を横輪切りにして管玉《くだたま》状にし、首飾りとしたものである。その他、多くの玉類も基本的には首飾りとして使用されていたと考えられる。次に多いのが腕飾りとしての貝輪であり、全部で八例の出土例がある。変わったところでは土器棺内から出土する魚骨（タイなどの顎の骨）やカニのツメがある。埋葬時に供献されたものであろう。全体的には副葬品・装飾品はその種類、量ともに特に差異はみられず、また子供の埋葬に特有な副葬品・装飾品もみられない。しかし、年齢段階に注意してみると、玉や貝輪などの副葬品・装飾品を持つ事例は幼児期以降の場合が多く、これらの副葬や装着が本格的に始まるのは幼児期以降ということができる。

大人の事例も含め、人骨に伴って出土する副葬品・装飾品には、頭飾り・耳飾り・首飾り・腕飾り・腰飾り・足飾りがあるが、これらのうち、子供の埋葬例には首飾り、腕飾りが多く、それ以外のものはほとんどない。耳飾りにしても小玉を垂飾り風に用いた程度のものが可能性として挙げられるが、確実な玦状耳飾りや土製耳飾りの着装例は存在しない。頭飾り、腰飾り、足飾りの装着例が皆無であることも注目される。これらの種類の装身具の装着は、本来大人にのみ許された行為であったのだろう。

また、極端に多種・大量の副葬品・装飾品を持つ事例は存在せず、その意味では明確に特別な地位などを指し示すような事例は存在しない。この点については、後章で検討しよう。

赤色顔料の散布　子供の埋葬例のうち、赤色顔料の散布が確認できた最も古い事例は、前期の埼玉県黒谷貝塚出土例である。それ以降では、千葉県加曽利北貝塚の中期の事例や、加曽利南貝塚の後期の事例にも赤色顔料の使用が認められている。また、千葉県西広貝塚からは直接遺体に散布したわけではないが、葬送儀礼に伴って赤色顔料が使用された事例が検出されている（忍澤　一九九三）。これらはいずれも関東地方の事例であり、この地域では埋葬時に赤色顔料を用いる場合があったことがわかる。また、関東地方では大人の埋葬に伴う赤色顔料の散布例は多数報告されておらず、むしろ子供の埋葬例に限定される傾向のあることも指摘できる。

大人の事例も含めた埋葬例への赤色顔料の散布は、晩期の北海道から東北地方に顕著に見られ、子供の埋葬例に対する赤色顔料の散布は、北海道高砂貝塚出土例や秋田県柏子所《かしこどころ》貝塚出土例などで確認されている。また、岩手県大洞《おおほら》貝塚では土器棺内の新生児期の人骨に伴って検出されている。このように、土器棺中に赤色顔料を散布する事例は、清野謙次《きよのけんじ》によって愛知県吉胡《よしご》貝塚からも報告されており、土器棺中に赤色顔料を散布する風習があったことが推測できる。これまでにも赤色顔料は血液のメタファーであり、土壙内に赤色顔料を散布するのは血液を注ぎ、再生を祈願するためであるという解釈がなされてきたが、子供の土器棺内に散布するのは、まさに再生を祈願したためであろう。

死因などへの対応

子供の埋葬例のうち、異常死など死因に対応した葬法がとられたのではないかと疑われるものに、秋田県八木遺跡出土例・愛知県枯木宮貝塚出土例・千葉県西広貝塚出土例などがある。いずれも単独・複葬例として把握できるものであり、子供の埋葬例としては稀有な埋葬形態をとっている。

八木遺跡出土例は、埋葬地点とは異なる地点で火葬されており、残存した遺骨の中に頭蓋片が見当たらないことから、事前に頭蓋を抜き取られていたと思われるものである。また、枯木宮貝塚出土一号人骨は幼児期のものであり、盤状集骨葬例であった。この人骨の頭蓋には鈍器によって外傷をうけた痕があり、この外傷が治癒していないことから、負傷後は生存していなかったと考えられている（ただし、この加撃は骨が生の状態の集骨時に行われた可能性もあるが）。これらのような特異な事例は、死因などへの呪術的対応であった可能性がある。

西広貝塚においては幼児期段階の埋葬例が四例検出され、うち三例は単独・単葬例であり、一例のみが土器棺・複葬例であった。先にも述べたように、幼児期になると土器棺内に埋葬される事例は少なくなる。この土器棺内に埋葬されていた人骨を検討してみると、本例は脛骨が骨膜炎に冒されており、死因はこの併発症（敗血症などによるショック死）による可能性があった。このことから、西広貝塚においては、被葬者の死亡状況・死因によって、埋葬形態を変えたということも想定できるだろう（山田　一九九六）。

謎の手形・足形付土製品

ここで大変興味深く、一見微笑ましいが、ある意味では物悲しい遺物について触れておきたい。北海道南部から東北地方にかけての地域では、乳児期から小児期までの子供の手形や足形を押しつけた土製品が出土している（図29）。これについて春成秀爾は、民俗例の餅踏み儀礼に類似した儀礼が存在したと推測している（春成　一九八五）。また、設楽博己は手形も存在することから、春成の説を「後の判断に委ねる」としつつも、一～二歳を境に何らかの儀礼が存在した証拠であると述べている（設楽　一九九三）。従来、この手形・足形付土製品は、民俗例などを参照して、子供の健やかな成長を願った護符であったと考えられることが多かった。

その後、これらの手形・足形付土製品を集成し、その用途を考察した忽那《くつな》敬三は、研究史をふ

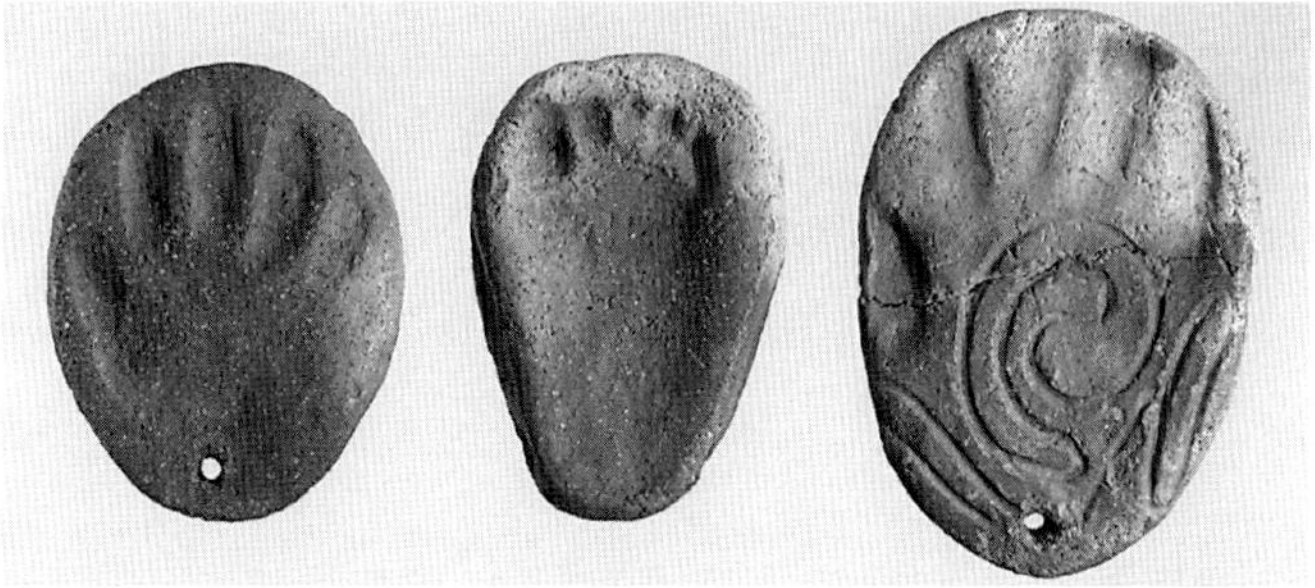

図29　青森県大石平遺跡出土の手形・足形土製品（青森県立郷土館提供）

まえながら、この手の遺物には縄文時代早期に属するものと後期に属するものがあることを指摘し、早期のものは焼成が軟質で長期の保管には適さないこと、墓から出土することなどから、「子供より先に亡くなった母親または父親のために、残された子供たちの形見として製作され埋葬儀礼の際の短期間のみ首から吊るして立ち会い、そのまま埋めたものと考えられる。ともに納められた副葬品の石器類の豊富さからも被葬者は大人であるとみられるし、縄文時代の女性一人が一生に出産する人数を五人程度とする意見を踏まえれば、ひとつの墓壙に二〜三点というのは非常に妥当な数ではないだろうか」と述べている（忽那　二〇〇六）。手形・足形付土製品が、墓から副葬品として出土する事例が多くなっていくにしたがい、その性格付けも護符から形見へと理解が変わってきている。

ここで少しだけ私の考えを述べておこう。詳細な観察に基づく忽那の見解には敬意を表するが、焼成の甘さや風化・摩滅の度合いが少ないということが、長期保管を否定する根拠になるというのは、少々うがちすぎではないだろうか。私としては、やはり幼くして亡くなった子供の手形や足形を形見として両親が残しておき、その親が亡くなった際に一緒に副葬されたと考えたくなる。いずれにせよ、子供に対して特別な思いがあったればこそ、製作された土製品であることは間違いないだろう。果たして子供の成長を願った護符なのか、それとも子供の形見なのか、後期の事例を含めて、その性格と用途について今後の検討課題としておきたい。

土器埋設遺構

ここで、少々趣が異なるが、土器埋設遺構について触れておきたい。縄文時代の遺跡を調査すると、土器そのものをなんらかの意図のもとに埋設したと考えられる遺構が検出される場合がある。従来このような遺構は、「埋甕」「埋鉢」「埋設土器」「土器棺」「甕棺」などとさまざまな呼び方がなされてきた。私はこのような遺構のことを土器埋設遺構と呼び、埋設されていた土器のことを埋設土器と呼んでいる。多くの場合、この手の遺構は、子供の埋葬例、すなわち土器棺墓であると考えられてきた。

先に述べたように世界中の民族誌を見わたしたとき、土器を女性の母胎に見立てるという思想は数多く確認でき、その中に子供の遺体を入れるということは、象徴的に女性の胎内に子供を返すという行為に他ならない。したがって、土器に入れて子供を埋葬するということは、その子供の再生を願ったものだと解釈することができる。ところが、全国的な視点で調べてみると、この土器埋設遺構内に埋納されたものはヒトの子供だけではなく、イノシシやイヌ・ヘビ・堅果類、黒曜石など多岐にわたる。このことから、縄文時代の人々は、再生を祈願するものを土器に入れ、これを埋納する、あるいは埋められた土器にこれらのものを入れ、これを祀り、再生を祈願するという、「土器埋設祭祀」を行っていたものと考えられる（山田　二〇〇七）。繰り返すが、土器埋設遺構＝子供の土器棺墓ではない。となれば、たとえば青森県三内丸山《さんないまるやま》遺跡から数多く出土している「土器埋設遺構」が、果たして本当にすべて子供の墓であるのかどうか、再検討が必要だろう。

縄文人のライフヒストリー

縄文時代においては、大人と子供が墓制上異なった取り扱いを受け、子供の時期でも年齢段階によってその立場が区分されていた。被葬者の年齢段階によって埋葬時に付加される属性が変化していることから、その帰属集団においては年齢段階によって社会的な位置が変化したことが指摘できる。その節目が、成人式などに代表されるいわゆる通過儀礼であったということは想像に難くない。

通過儀礼について重要な研究を行ったA・V・ヘネップによれば、子供の時期における通過儀礼には、臍《へそ》の緒の切断・水をかけることと入浴・臍の緒の残りの脱落・命名・最初の整髪・家族との最初の食事・乳歯の萌出・最初の歩行・最初の外出・割礼・子供の性別による最初の着衣などがあるとされている（ヘネップ　一九七七）。これらの節目は、全部ではないにせよ、縄文時代の人々にとっても重要な意味を持っていたに違いない。上述してきた様相を全体視するならば、

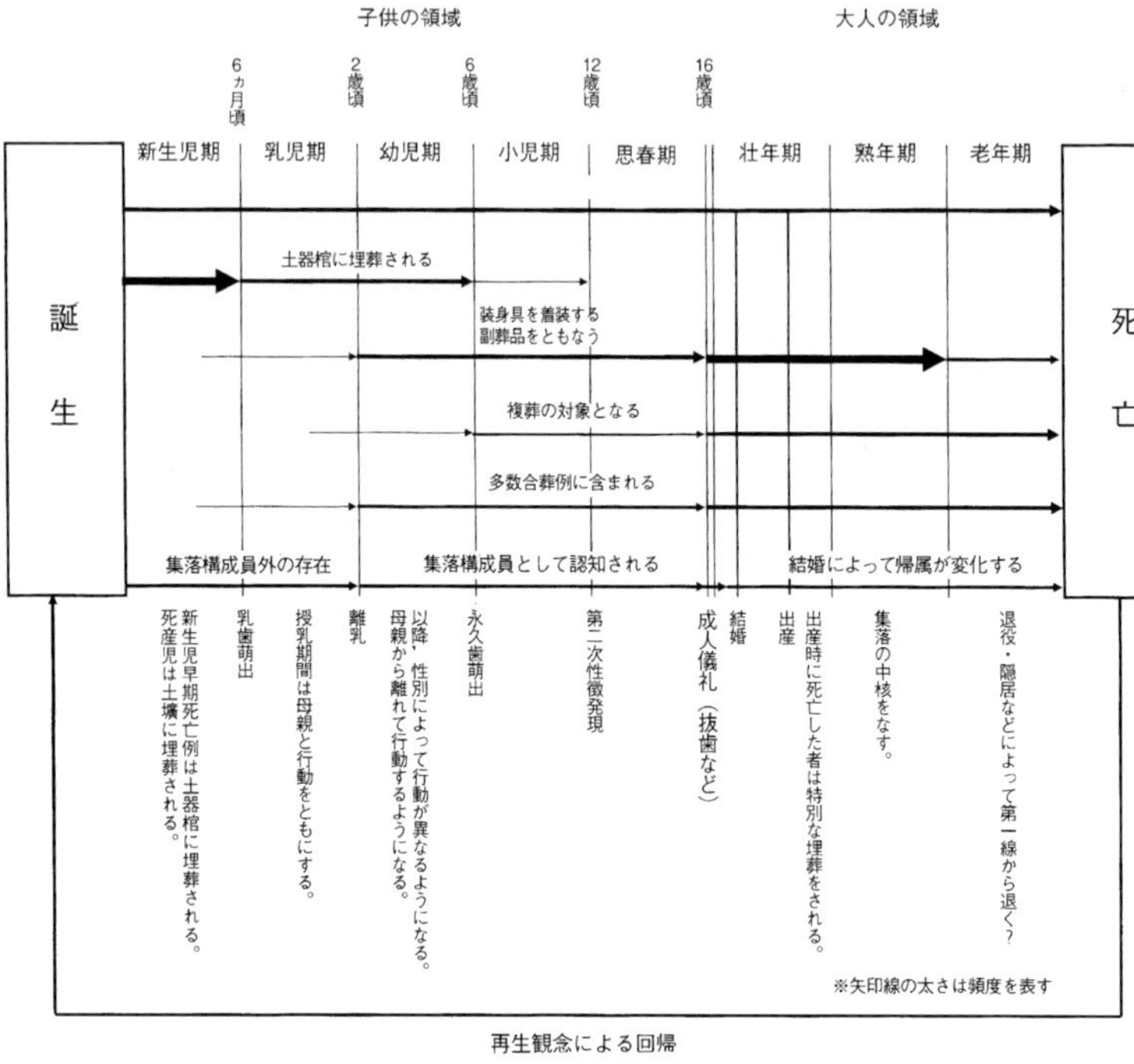

図30　縄文人のライフヒストリー（山田2008aより）

大雑把ではあるが、事例数の多かった東日本の後晩期を中心として、縄文人の子供時代のライフヒストリーをある程度モデル化することができる（図30）。

縄文人の一生は、まず生きて産まれてくることから始まった。死産児は単純土坑などに埋葬され、わずかな期間でも生きながらえたものは再生を祈願されて、土器棺内に埋葬された。無事に成長を続けたものは、二歳前後に離乳し、母親を離れて行動するようにもなり、集団生活に参加をするようになった。そして、この時期から集団の構成員としても認知されるようになり、玉類を中心とした首飾りや腕輪などの装身具を装着するようになった。幼児期以降、しだいに男の子は、自分の親を含む大人の男性と、女の子は大人の女性と行動を共にすることが多くなり、労働力として生業活動にも参加が期待されるようになった。もし中毒や事故などによって、血縁関係者の大人とともに子供が死亡した場合には、いっしょに埋葬された。その後、女性では第二次性徴の発現とともに、遅くとも一六歳頃には成人儀礼が執り行われ、地域や時期によってはその一環として抜歯などの身体変工が施された。男性は女性とほぼ同じ頃、あるいは少し遅れて成人となった。ただし、こちら側は一生大人になれず、抜歯も施されない人物もいたようだ。成人儀礼を境として、以後に婚姻が行われる。伝統社会における婚姻のあり方からして、その後、女性は妊娠し、出産をむかえるが、出産時あるいは出産前後に亡くなった女性は、他の人々とは異なった葬法で埋葬された。成人儀礼以降には、社会的経験の有無や加齢・性差・地位・出自などによって規定される装身原理に基づいて、土製耳飾りや腰飾りなどの着装、抜歯や文身《いれずみ》などの身体変工が行われた。さらに、後述することになるが、壮年期から熟年期には集落・集団を担う中核的な成員として活動し、老いを感じられるようになった時には、表舞台から退いていった。そして、死を迎えた時に、それらの情報の一部が属性として墓に残されたのであろう。

ヘネップはその著書『通過儀礼』の中で、通過儀礼は個人一人一人に対して個別に行われるのではなく、集団で行われること、それによって社会的な絆を増強させることを、いくつもの事例を挙げながら述べている。縄文時代にも何回かの通過儀礼が存在することがほぼ明らかになった以上、ある程度人数的にまとまった形で通過儀礼が行われていたことは確実視してもよい。とすれば、通過儀礼を共に受けたもの同士が、なんらかの形で年齢集団を構成した可能性は、当然考慮されなくてはならない。縄文時代に性別によって埋葬小群を異にしたり、埋葬姿勢を変えたりする場合があることは林謙作や春成秀爾らによってすでに指摘されているが（林　一九八〇、春成　一九八〇など）、年齢集団は男女別グループを形成することが一般的であることから、これなどはそれが墓制の上に反映されているとも考えることができる。

このような通過儀礼が執行された場所としては、大型住居や環状木柱列、あるいは環状列石などのモニュメントが候補に挙げられる。大型住居には墓域に接していたり、環状木柱列に近接して存在していたものがあったことが指摘されている（小川　一九九三）。このような場所は、通過儀礼にともなう神話の伝承や再現には絶好のロケーションである。これらの施設の一用途として、それが通過儀礼の執行所でもあった可能性は高いだろう。

これまでの親族構造などの研究をはじめとして、とかく縄文時代の社会構成の研究においては、男性と女性という性別区分や身内とヨソ者といった出自別原理が注目されがちであるが、縄文社会において大人と子供の区分が存在したことはほぼ確実であり、さらに年齢段階による細かい区分が存在したことは明らかである。縄文時代の社会は性別区分や出自区分と年齢区分が相互に重層化した構造をもっていたと考えられるのであって、当時の人々は成長していく中で性別、年令別の社会的な手続きを経ながら生活を営み、一生を終えていったのである。

イヌと子供たち

イヌとヒト

「あなたはイヌ派ですか、ネコ派ですか」と訊かれたら、私は即座に「ネコ派です」と答えるだろう。それは、現在ネコを飼っているからである。もし、イヌを飼っていたら、「イヌ派です」と答えるに違いない。実際に飼っている動物には、どうしても情がうつる。両方飼っていれば、「両方！」と答えるだろうし、トカゲなどの爬虫類を飼育していたら、まちがいなくそちらに一票を投じるだろう。現代では、いわゆる愛玩動物の種類が非常に多くなり、それこそ多種多彩なペットが飼われている。なかでもイヌに関しては、単なる愛玩用という用途（味気ない言い方だが）以上に役畜（これも味気ないが）として利用されてきた。たとえば、猟犬などはその最たるものだろうし、鋭い嗅覚を生かした警察犬や救助犬などもあるだろう。最近では、私たちの仕事を手伝ってくれる「考古学犬」なるものまで登場している（ナショナルジオグラフィックニュース　二〇一二年十二月十一日付)。これは、埋葬された古人骨の場所を正確に知らせるというものであり、本当だったらすごいものだ。

では、縄文時代ではどうだろうか。当時の人々はペットを飼っていたのであろうか。

現在までの研究上の知見による限り、縄文時代において飼育されていた確実な動物はイヌのみである。いや、もっといろいろな動物が飼われていたんじゃないかと思われるかもしれないが、こういうにはわけがある。私は、対象となった動物の一生のうちで、一時的にこれを飼うことを飼養と呼んでいる。また、飼っている動物が次世代を再生産する、要するに子供を産み育てていくことが連続するような状況を飼育と呼んでいる。

縄文時代においても、動物の飼養・飼育は多々見られたものと思われる。これを裏付ける証拠は、動物の埋葬例である。現在までにわかっている動物の埋葬例には、イヌをはじめとして、確実なものにはイノシシ・シカ・トリなどがある。肝心のネコであるが、未だかつて縄文時代のネコが出土したという話は寡聞にして聞いたことがない。ネコ派の方には残念であるが、縄文時代の人々がネコを愛でることはなかったようである。

これらの動物が埋葬されている以上、そこにはなんらかのヒトとの関係性が生じており、それが飼養・飼育に起因すると考えることは、あながち無理なことではないだろう。とはいうものの、イヌ以外の動物の埋葬例はきわめて少なく、やや多いイノシシについても埋葬されるのはウリボ

図31　宮城県田柄貝塚におけるイノシシの埋葬例（東北歴史博物館提供）

ウぐらいの大きさの子供にほぼ限られる（図31）。トリには、茨城県三反田蜆塚《みたんだしいづか》貝塚から、イヌワシの埋葬例とされるものが検出されている（図32）。しかしながら、頭部や足の部分が存在せず、クチバシやツメなどの部位を除去した残りを埋めただけという可能性も捨てきれない。これらの部位は装身具の材料となる。つまり、埋葬例の少ないものについては、飼養が想定できても、次世代の再生産が行われた可能性は非常に低いことになる。

これらの動物とは異なりイヌの場合、子犬だけに限らず成犬もあり、中には西広貝塚出土例のように、非常に年老いて歯牙が抜けてしまったような老犬の事例もあるので、各成長段階のイヌの埋葬例が確認でき

図32　茨城県三反田蜆塚貝塚出土のオジロワシの埋葬例（ひたちなか市埋蔵文化財調査センター提供）

る（図33）。この点を考えると、イヌはヒトと日常的に接触していた、あるいは少なくともヒトの生活領域内にいた可能性がきわめて高く、すべてのイヌがそうでないにしてもなんらかの形で飼育されていたものと思われる。また、生まれて一年たたない子犬や先の西広貝塚出土例のような老犬もいることから、ある程度のケアをされていたことは確実視される。

世界史的に見てもイヌは最古の家畜であり、常にコンパニオン・アニマルとして注目されてきた。現在のところ、私が知るもっとも古いイヌの埋葬例は、今から一万二〇〇〇年前のイラクのアイン・マハラ遺跡出土の事例である。これは成人男性と合葬されていた。この墓自体が住居として利用されていた洞穴の

図33　宮城県田柄貝塚出土のイヌの埋葬例（東北歴史博物館提供）

入り口部付近に作られていたことから、なんらかの呪術的な意図があった可能性も指摘できるし、ヒトとイヌの係わり合い方が古くから特別なものであったことを意味するものとも理解できるだろう。

日本でも多くの縄文時代の遺跡からイヌの骨が出土しており、イヌとヒトとの関わり方が次第に明らかになってきている。私もかつて縄文時代のイヌの埋葬例について考えたことがある。イヌの埋葬例とヒトの埋葬例の位置関係を検討した際に、特に私が感じたことは、イヌとヒトの子供との親和性であった。埋葬例からみる限り、縄文時代の子供とイヌは意外に近しい関係にあったと思われる。このことについて詳しくお話しする前に、まず縄文時代のイヌがこれまでどのように捉えられてきたのか、またまた常套手段だが、この点をおさえておくことにしよう。

縄文時代のイヌの研究史

縄文時代の貝塚からイヌが出土することを最初に記録したのは、大森貝塚の発掘で著名なE・S・モースである。モースは一八七九年（明治十二）に出版した大森貝塚の英文報告書「Shell mounds of Omori」の中で、大森貝塚から出土した動物遺体としてイヌを記述している。しかし、このイヌの骨の出土状況についてはまったく触れておらず、文中に列記しただけのところをみると、どうやら埋葬例ではなく、おそらく散乱した状態で、破片が出土したのであろう。モースの報告は、当時まだ石器時代と呼ばれていた縄文時代にイヌがいたことを指摘した点で研究史的に重要なのだが、あまりこの点に触れる研究者はいない。

その後の一九〇四年には田中茂穂が千葉県堀之内貝塚からイヌが出土したことを報告しており（田中　一九〇四）、二〇世紀の早い段階で縄文時代（石器時代）にイヌがいたことを学会がすでに認知していたことがわかる。だが、問題はその性格である。イヌが役畜であったのか、それとも食料であったのか。食料と書くと、いささかびっくりされるかもしれないが、世界に視野を広げると、イヌを食べる風習を持つ民族は意外に多い。私も学生時代に香港で発掘調査をしていた時に、宿舎の食事でイヌを出されたことがある。味付けが濃かったので、気づかずに食べてしまったが、味だけでいうならなかなか美味しかった。ただ、料理の中からツメが出てきたのには閉口したが。

縄文時代の人々もイヌを食べていた可能性がある。したがって、食料であったということも想定に入れながら、研究史をながめてみよう。

きわめて不確実ではあるが、イヌの埋葬例の出土を最初に記録したのは、江見水蔭《えみすいいん》であったかもしれない。江見は、明治から大正期にかけて活躍した作家であった一方で、考古学にも非常に興味を示し、各地の遺跡を発掘して遺物を収集していた。それらの紀行文として『地底探検記』や『探検実記　地中の秘密』などがある。その『地中の秘密』の中で、江見は千葉県余山《よやま》貝塚からキツネの骨を一体分掘りだしたと記述している。しかしながら江坂輝弥は、現在までにキツネの埋葬例は報告されていないことから、イヌをキツネと誤認した可能性が高いとしている（江坂一九七〇）。江坂の推定が正しければ、これをイヌの埋葬例発見の嚆矢とすることができるのだが、そのあたりの確実性は保証できるものではない。

一九一九年（大正六）に鹿児島県出水《いずみ》貝塚が発掘されたおり、多くのイヌの骨が出土した。調査を指揮した濱田耕作《はまだこうさく》は、イヌの骨が散乱した状態で出土したことから、当時の人々がイヌを食用に飼育していたと考えた（濱田他　一九二一）。獣骨の鑑定を担当した長谷部言人《はせべことんど》も、濱田の「食用説」を支持している。大正年間（一九二一〜二六）のこの時点で、すでに縄文時代の人々がイヌを飼育していたと考えられており、その役割も貝塚中から骨が散乱した状態で出土することから食用であったと考えられていたことには注意をしておくべきであろう。これは、モースがかつて大森貝塚から出土した人骨が散乱した状態で発見されたことを根拠として発表した「食人説」となんら変わることがない論理である。

縄文時代のイヌが埋葬されている可能性を初めて指摘したのは、長谷部言人であった。長谷部は一九二四年に『人類学雑誌』第四〇巻第一号に発表した「日本石器時代家犬に就て（追加）」の中で、福島県三貫地《さんがんじ》貝塚より山内清男《やまのうちすがお》が採集したイヌの骨がほぼ一個体分遺存していたことから、これを埋葬されていたものと推定している。この時点で長谷部が「食用説」を撤回したかどうかは不明であるが、食用に供したイヌをわざわざ埋葬したとは長谷部も考えなかったであろうから、おそらく長谷部自身もイヌの役割として食用以外のことを考えていたに違いない。

これとほぼ同じ時期の一九二四年に清野謙次《きよのけんじ》は『日本原人の研究』を出版し、貝塚より完全なイヌの骨格を発掘したことがたびたびあったことを記している。これらのイヌは埋葬例であったと思われるが、具体的な記載がなく、詳細は不明である。しかしながら、長谷部・清野の記述から、当時の学会ではイヌは埋葬されていると想定されていたようである。

「埋葬された」イヌの発見

この想定が実証されたのは、一一年後の一九三六年（昭和十一）のことであった。この年、神奈川県西ノ谷《にしのやと》貝塚において初めて確実なイヌの埋葬例が出土した（土岐・竹下　一九三六）。このイヌは長径八〇㌢、短径四〇㌢、深さ六五㌢

の楕円形の土壙に埋葬されていた。調査者の土岐仲男と竹下次作は「路傍に横死せる野良犬の骨を、態々持ち来つて、貝塚中に埋葬したとは思われぬから、恐らくは、彼等貝塚積成人と、その起居を共にした、家犬の遺骸を埋葬したもの」とし、本例をもって初めて縄文時代のイヌが家犬であったことが証明されたと記している。しかし、その役割や飼育形態については触れていない。出土した土器の図版には、黒浜式と諸磯a式土器があることから縄文時代前期の埋葬例であったと判断できる。ちなみに土岐仲男とは、のちの酒詰仲男《さかづめなかお》である。

一九四二年には山内清男が『民俗文化』第三巻八号に「石器時代の犬小屋」を発表し、イヌも元来は人と同じように埋葬されたものであったと指摘し、散乱骨は後世になんらかの営力によって移動してしまったものであるという見解を示した。さらに、モースが提唱した食人説がマンローによって反対された事例を挙げ、イヌにおいても同様として「食用説」を否定した。そして、当時の人々が狩猟民であり、埋葬例が存在することから、イヌは狩猟の好伴侶であったとして、「猟犬説」を提示した。この山内の見解が、おそらく縄文時代のイヌ＝猟犬という図式を明確に描いた最初の文献であったと思われる。この時期、山内は石器時代の歴史的枠組みを規定した名著『日本遠古の文化』をすでに公表しており、石器時代を二つにわけて、縄文式を狩猟・採集段階、弥生式はイネを主体とした手鍬などで耕作を行う耨耕《どうこう》段階と記述している。これはそれぞれ、現在の縄文時代と弥生時代に相当する。山内のイヌに対する見解は、このような経済段階の歴史的枠組みを提示しえたからこその視点であったということができよう。

戦後のイヌ研究

第二次世界大戦後の一九五一年には、文化財保護委員会が愛知県吉胡貝塚を発掘した。この調査において、埋葬されたイヌが一〇例出土した。骨の鑑定を担当した長谷部言人は「当代当所の住民はこれらの小形犬を専ら狩猟の為に愛育し、その斃死したとき、人を埋葬すると同じ地域に埋葬するを常としたと推定される」として以前の「食用説」を撤回し、イヌが猟犬であったと「猟犬説」を改めて掲げ、ヒトの墓域内にイヌが埋葬されたことを指摘した（長谷部　一九五二）。

その後、イヌの骨の出土例は増加し、一九六一年に酒詰仲男が集成した段階では全国八三六箇所の貝塚のうち、一二六箇所でイヌの骨が出土している（酒詰　一九六一）。

イヌの骨の出土例が増加するとともに、イヌの埋葬例も数多く確認されるようになった。そして、一九五七年に出版された『考古学ノート』第二巻「縄文時代」の中では、江坂輝弥が縄文時代のイヌは猟犬であったと記述しており、一九五〇年代には「食用説」が否定され、「猟犬説」がほぼ定説化していたといえる。

一九六五年に岡本勇は『日本の考古学』第二巻「縄文時代」の中で、イヌが猟犬の役割を担っていたとした上で、吉胡貝塚における人とイヌの埋葬例の割合から、一つの集落内できわめて多数のイヌが飼育されていたと述べている。その具体像について触れてはいないが、イヌの飼育形態に関する最初の発言として注目できる。

「猟犬説」が定説となる一方で、一九六七年に畠山三郎太は『北海道考古学』第三号に「北海道天都山貝塚の始原犬」を発表し、天都山貝塚《てんとざん》出土のイヌの頭骨の内部から石鏃《せきぞく》が出土したこと、右眼窩に石鏃の大きさと一致する破孔があること、この頭骨が炉跡から出土したことを根拠に、イヌが石鏃で撃たれ、その後食用とされたことを主張した。ただし、畠山は、このイヌは縄文時代早期に属するものであり、まだ十分に家畜化が進んでいない段階のものであるとしており、縄文時代のイヌがすべて食用であったとは述べていない。しかし、イヌが時には狩猟の対象となりえることを指摘した点は重要である。

同じく、一九六七年に山内清男は、一九四二年に発表した「縄文時代の犬小屋」を補筆し、関東地方の縄文時代の遺跡から検出される小竪穴に注目し、積極的な証拠はないと断わりつつもこれが犬小屋であったとの仮説を提出した。イヌの飼育場についての具体的発言であるが、山内自身が単なる思い付きであると書いており、これをもとにして、イヌの飼育形態などの問題には触れていない。

一九七〇年に江坂輝弥は『考古学ジャーナル』第四〇号に「縄文時代における犬の埋葬骨格」を発表し、大正年代までのイヌの埋葬例を集成した。そのなかで、縄文時代のイヌは「番犬として、また狩猟のよき協力者として」当時の人々が可愛がっていたものとした上で「不安定な食料事情か、犬肉は美味であるということによるものか、食料に供してしまったものも多い」とイヌの役割を「猟犬説」・「食用説」のように単一に捉えず、多岐にわたったものとしている。後述するが、このような視点はもっと注目されるべきであった。

一九七三年には、直良信夫《なおらのぶお》が『古代遺跡発掘の家畜遺体』を著し、その中でイヌについて触れている。直良は歯の鋭さの比較という骨学的な見地から、縄文時代のイヌには畜犬と野犬があり、野犬は狩猟の対象となっていたと推定した。また、イヌの首にみられる骨折の痕をとりあげ、この原因を首輪の着装に求めた。このことから、直良はイヌが首輪をつけて、つながれて飼育されていたと述べている。縄文時代のイヌの飼育形態について、事例を挙げて具体的に記した初めてのものであるが首の骨折痕がどれくらいの頻度で見られるものなのかという、定量的な分析がなされておらず、残念ながらその蓋然性を問うことはできない。

松浦宥一郎は一九七五年に『船橋考古』第六号において、「縄文時代の犬埋葬について（五）」を発表し、千葉県栗ヶ沢遺跡に住居跡内の炉を破壊してそこにイヌを埋葬し、その後にふたたび炉を設けた事例があること挙げ、イヌの埋葬が炉や火に関わる祭祀と結びついていた可能性を指摘した。従来、イヌの役割として呪術的な側面があったことを示唆した点で重要である。

一九八二年に岡村道雄は、里浜貝塚の報告書の中でイヌの散乱骨のあり方について触れ、同一層が広範囲に発掘されているにもかかわらず、平面的にみて近接する層あるいは上下に接する層からも関連部位が出土していないことから、ほかの動物と同じ扱い、たとえば食用にされて廃棄されたものもあったと推定している（岡村　一九八二）。岡村の言は縄文時代晩期においてイヌが食用とされていたことを示唆したものであり、これもまた重要な視点である。

どんなイヌが埋葬されていたのか

一九八三年に西本豊弘は、全国的に縄文時代のイヌの埋葬例を検討し、縄文時代のイヌは現在の柴犬程度の小型犬が主体であったことを明らかにした（西本　一九八三）。また、骨折などの疾病が多くみられることや、狩猟が当時の生業の一つであったことから縄文時代のイヌは猟犬であったとした。そして、晩期にイヌの埋葬例が多くなることを指摘し、後期以降に猟犬としての役割が増大したためにイヌの墓域が形成されるようになったとしている。イヌの骨折の原因を狩猟時の事故に求め、そこからイヌの役割を推定した点には説得力があるが、今日にいたるまでイヌの埋葬のみで構成される墓域は発見されていない。しかしながら、愛知県伊川津《いかわづ》貝塚や千葉県下太田貝塚、宮城県田柄《たがら》貝塚など、ヒトの埋葬に近接しながらも、イヌの埋葬が集中する場所は確認されている。西本のいう墓域とは、このような地点を指すのであろう。

また、同年に金子浩昌もイヌと人が同じ場所に埋葬されることを指摘し、イヌにもヒトの埋葬例のように屈葬が存在すると述べた。また、イヌの屈葬例はヒトの場合とは異なり、「哀惜と親愛の情の表われ」であるとした（金子　一九八三）。さらに、北海道天都山遺跡のイヌの頭骨出土例についても言及し、イヌの骨が特殊な状態で炉から出土していることからみて、これは呪術に関係するものであって食用とされたものではないとの判断をしている。さらに、愛知県大曲輪《おおぐるわ》遺跡や宮城県前浜貝塚に見られる犬と人との合葬例なども考え合わせて、犬が宗教的な意味で利用されたり、食べられたりすることがあったと指摘した。このように、宗教的な意味での「食犬」を考えたことは重要な視点である。

茂原信生と小野寺覚は、田柄貝塚出土のイヌの骨を検討し、縄文時代のイヌは現生のシバイヌよりも四肢ともに強靭であることを指摘するとともに、歯の破損例が多いことからみて、歯の使用が激しかったとしている（茂原・小野寺　一九八四）。このような点は当時のイヌが「闘争性の強い小形の猟犬として、血みどろの活躍をした姿を彷彿とさせる」（小宮　一九九二）ものである。

山崎京美は、全国の出土状態の明らかなイヌの埋葬例二二例を検討し、イヌがヒトの墓域に埋葬されていること、イヌにも人為的な屈葬例が存在すること、副葬品はほとんどないことを指摘し、意識的な埋葬が行われている以上、これらのイヌが家犬であったとしている。（山崎　一九八五）。イヌに副葬品がないということはヒトとイヌの埋葬原理が異なっていた可能性を示唆するものであり、興味深い。

一九八七年には、金子浩昌が『アニマ』第一七二号の中で縄文時代のイヌについて触れ、イヌは猟犬としての役割を担っており、多くの動物にみられる犠牲獣としてのイヌの観念は当時の人々にはなかったとしている（金子　一九八七）。

以上のように、イヌの埋葬例そのものが問題にされるなかで、春成秀爾は愛知県伊川津貝塚の報告書中で、ヒトの埋葬を検討する際にイヌについても触れ、イヌがヒトの埋葬小群に帰属していることを指摘し、埋葬小群が世帯に対応しているならば、イヌが世帯によって飼育されていたと考えた（春成　一九八八）。春成のいう世帯の内容が問題となるが、イヌの飼育形態についての初めての発言となる。

一九八九年に金子浩昌は『考古学ジャーナル』第三〇三号において、イヌがヒトと同じ場所に埋葬されることを再び指摘し、千葉県西広貝塚と貝の花貝塚の動物遺存体の出土量の比較から、獣骨の増加とイヌの骨の量は同じ傾向を示さないことを明らかにし、当時の狩猟のあり方を考える上で注意すべき点であると指摘している（金子　一九八九）。

小宮孟は一九九二年に「千葉県木戸作貝塚における切断加工痕のあるイヌ下顎骨」を発表し、当時のイヌが先天的な理由で猟犬から外されることがあるのならば、イヌが他の用途に転用された可能性があるとして、イヌの役割の多様性を説明している。また、アニミズム的な儀礼にイヌが用いられた可能性を指摘している（小宮　一九九二）。

私は「縄文時代のイヌの役割と飼育形態」『動物考古学』第一号の中で、東日本のイヌの埋葬例を検討し、これらが多くの場合、成人男性骨に近接して埋葬されていることから、両者がより密接な関係を持っていたと考えた。そして、世界の民族事例における性別による分業を参考にし、縄文時代のイヌは猟犬としての役割が高かったと推定した。そして、イヌが人の埋葬小群の構成要素となっていることから、イヌが世帯によって飼育されていたと考えた。

イヌはどのように利用されていたか

その後、私は縄文時代のイヌの研究史を整理するなかで他の時代の例を参考にしつつ、縄文時代のイヌの役割と飼育形態について「もっぱら猟犬としての役割を担うことが多かったが、一方で呪術的な意味も合せ持っていた。また、イヌは世帯によって複数が飼育され、放し飼いにされていた」との仮説を提出している（山田　一九九四b）。

一九九四年と一九九五年に西本豊弘は縄文と弥生時代のイヌを比較しながら、縄文時代のイヌは猟犬であり、弥生時代のイヌは食用であったと、両時代の価値観の差異について言及している（西本　一九九四・一九九五）。

ざっと研究史に目を通したが、これ以降の論文には、こと全体的な用途論に関して従前の説を超えるようなものはない。ここにおいて用途論については、ほぼ出揃った観がある。無論、各論は別である。

以上の研究にみられるように、縄文のイヌには飼育されたものと、そうではない野犬がいたことが指摘されており、野犬は狩猟の対象、食用となった場合もあったことが推定されている。そして飼育されたイヌは多くの場合、猟犬としての役割を担っており、世帯によって飼育されていたと考えられている。縄文時代の生業の一つが狩猟であり、その主たる対象がイノシシとシカである以上、イヌが猟犬の役割を担っていたと考えるのは当然であろう。

また、猟犬というと、ついイノシシを一生懸命に追いかける様を想像しがちであるが、ウサギやアナグマといった小動物や鳥類の捕獲なども猟犬の役割の中に含まれることを考え合わせると、当時のイヌにおける猟犬としての資質の範囲は、かなり広かったものと推定される。縄文家犬（飼育されていたイヌ）≒猟犬の図式は、まず動かない。一方で、イヌの役割が猟犬だけではなく、その他の用途があったらしいこともすでに指摘されており、イヌの年齢段階によって用途が変化していった（たとえば子犬の時は愛玩用であり、成犬になると猟犬として利用されたなど）ということも含めて、その役割自体がかなりの多様性を持っていたと考えられる。

縄文犬＝猟犬の図式に対してはいくつかの批判もあるが、いかに個別事例が集積されても、縄文家犬≒猟犬の図式は否定できないだろう。縄文時代のイヌはヒトと複雑な関係を持ちながら生活していたのである。

他の時代の事例

縄文時代のイヌがどのような形で狩猟に使われていたのか、また、世帯が飼育していたのならばどのような方法で飼育していたのかという点については、はっきりとは解明されていない。縄文時代にはイヌの埋葬例は多く出土するが、イヌが具体的に表現された考古資料は、栃木県藤岡神社遺跡から出土したイヌ形土製品（図34）を除いて、ほとんどない。そこで時代は異なるが、弥生・古墳時代の資料を参考にして、当時のイヌの役割と飼育形態について考えてみることにする。

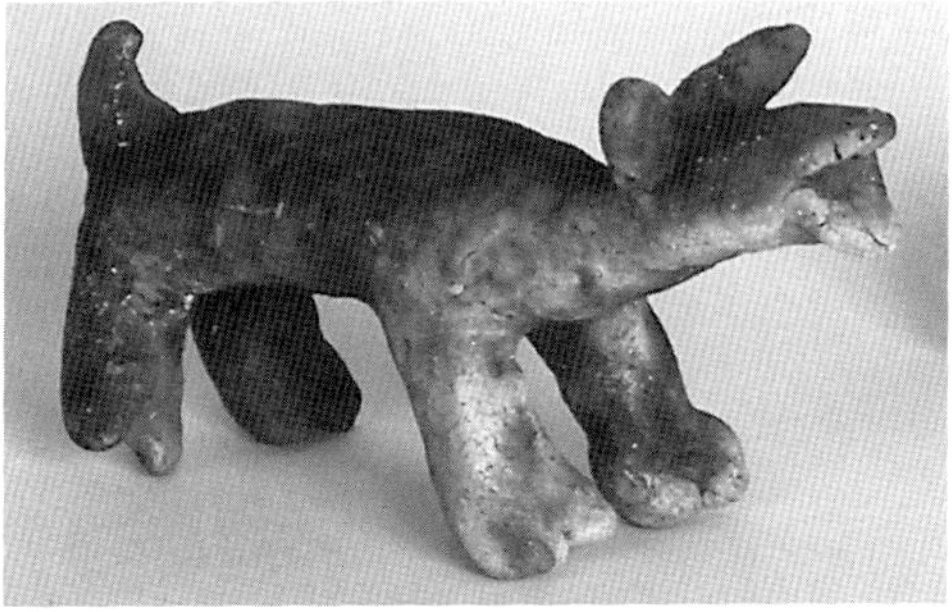

図34　栃木県藤岡神社遺跡から出土したイヌ形土製品（栃木市教育委員会提供）

弥生時代の香川県出土の銅鐸《どうたく》には、五匹のイヌに囲まれたイノシシを一人の狩猟者が射るという場面が表わされており、当時いわゆるイヌヤマの狩があったことを示唆している。また、鳥取県東伯《とうはく》郡泊村《とまりそん》出土の銅鐸には、狩人に追われて逃げるシカをイヌが追いかけている場面が描かれている（江坂　一九七〇）。これらの事例は、狩猟時には複数のイヌが猟犬として用いられたことを意味する。縄文時代にも茨城県小山台《おやまだい》貝塚や、千葉県高根木戸貝塚、矢作《やはぎ》貝塚などでイヌの合葬例が出土していることから、同時に複数のイヌが飼育されていたことが明らかであり、イヌヤマのような狩猟方法が採られていた可能性がある。

古墳時代の形象埴輪《けいしょうはにわ》の配列には、イヌを用いた狩猟の場面を表わしていると考えられるものがいくつか存在する。奈良県天理市の荒蒔古墳では、イヌがイノシシに近接して配列されていた。群馬県佐波《さわ》郡境町剛志天神山古墳の場合には、二匹のイヌが一匹のイノシシを挟んで配置されていた。群馬県群馬町保渡田《ほどた》Ⅶ遺跡の場合には、イヌとイノシシが近接しているだけではなく、イノシシが矢を受けて出血しているところまで表現されており、付近からは狩人と考えられる人物埴輪が出土している。福島県安達郡本宮町の天皇壇古墳では、尾を巻き、耳を立て、足をふんばっているイヌが親子のイノシシと対決するように配列されている。千葉県成田市龍角寺一〇一号墳では、シカとイノシシに近接して、イヌが配列されている。同様な事例は、埼玉県行田《ぎょうだ》市瓦塚古墳においても出土している。これらの事例が、橋本博文の指摘するように狩猟の場面を表わしているとすれば（橋本　一九九二）、イヌは猟犬としての役割を果していたものと推定できる。

ここで指摘しておきたいのは、イヌはシカよりもイノシシと組み合って表現される場合が多いという点である。狩人が一人でシカを捕まえる場面は弥生時代の香川県出土銅鐸に描かれており、古墳時代にも奈良県天理市荒蒔古墳出土の太刀形埴輪に描かれたものがある。この場合、シカが神獣としての意味を持っていたかどうかが問題となるが、実際に狩猟の場面をそのまま写したものであれば、シカ猟とイノシシ猟ではイヌの使用の仕方が異なったものであった可能性がある。

大阪府巨摩廃寺からは、イヌが繰り返し嚙みついた痕の付いている弥生時代後期の鉢形土器が出土している（宮崎　一九八一）。この歯形は土器の焼成前に付けられたものらしく、粘土が一部歯形にそって張り出している。報告者の宮崎泰史は、イヌのこのような嚙みつき行為は動物行動学的には「くつろぎ行動」として捉えられるものであり、歯の形状から若獣のものであるとしている。ここで注意しておきたいのは、焼成以前の土器にくつろぎ行動と考えられる嚙み痕が残されていた点である。「くつろぎ行動」は、まさにイヌがリラックスしている状態の時に見られるものであり（ツィーメン、白石訳　一九七七）、そのような状態のイヌが製作過程にある土器の傍にいることができたということは、普段イヌを縄などでつなぎ止めたり、小屋に入れたりなどして、行動を規制していたのではないことを示唆する。つまり、当時のイヌは放し飼いであった可能性が高い。

一方で、大阪府亀井遺跡などから弥生時代中期の解体されたイヌが出土していることから、イヌが食用にされていたことも指摘されている。当時の食生活の上で、イヌの肉がどれだけの位置を占めていたのか検討できないが、食用に飼育していたのならば、イヌの行動を管理する必要性から、つないだり、小屋に入れたりしていたかもしれない。縄文時代の家犬は食用ではないことから、その行動を極端に制限することはなかったと考えられる。その意味では、放し飼いにされていた可能性が高い。

また、古墳時代のイヌの埴輪には、奈良県荒蒔古墳出土例や、群馬県剛志天神山古墳出土例のように首輪をしているものがあり、当時のイヌがつながれて飼育されていた可能性がある。しかし、群馬県保渡田Ⅶ遺跡出土のイヌの埴輪や、群馬県境町出土のイヌの埴輪のように首輪をしていないものもあり、即断はできない。

以上の事例から想像するに、イヌは縄文時代の場合には放し飼いであり、これを食料とするようになった弥生時代以降のところで、縄につないだり、柵などで囲って飼育することが始まったのではなかろうか。イヌの行動を制限することは、犬飼部の存在などから推定されるように、古墳時代以降、次第に強化されていったのであろう。ただし、放し飼いといえどもよい猟犬を育てる必要性から、ある程度はなんらかの形で管理はされていたと思われる。

呪術に利用されたイヌ

イヌの役割としては猟犬としての面が強調されてきたが、猟犬だけでは割り切ることのできないイヌの出土事例がいくつか存在する。この点についてはすでに何人かの先学が指摘してきたところでもあるが、ここではそのような事例をいくつか挙げることにする。

一九五二年（昭和二十七）に文化財保護委員会によって行われた愛知県吉胡貝塚では、一九号熟年女性人骨の周囲にイヌが埋葬されていた。この一九号人骨には赤色顔料が振りかけられており、右手に四個、左手に七個の貝輪をはめていた。このような埋葬例は、三三体出土した人骨のなかでも一三号人骨と一九号人骨だけであり、この両者は特殊な埋葬例であったことがうかがわれる。吉胡貝塚では、このような特殊な埋葬例の四隅にイヌが埋葬されていた。なお、吉胡貝塚のような事例は、同じ愛知県の伊川津《いかわづ》貝塚でも出土している。

千葉県木戸作貝塚では、二七号住居跡に埋葬された一号成人女性人骨に、切断されたイヌの下顎骨が副葬されていた（小宮　一九九二）。これなどはイヌを呪術的対応の一環として用いたものであることは間違いないだろう。

以上のイヌの出土例は、単に猟犬であったとするだけでは割り切れないものであり、出土状況から察して、その役割として呪術的なものがあったと判断されるべき事例であろう。事例的には少ないが、共通するのはイヌが女性に伴出することが多いという点である。猟犬として男性とのつながりがあった以外に、呪術的な部分で女性とのつながりがあったということがわかる。

ヒトに近接するイヌの埋葬例は、現在のところ二〇遺跡から八四例が出土している。これらの出土数の内訳をみると、イヌが成人男性もしくは成人男性の埋葬小群に近接ないし付随するものが全体の半数以上にのぼり、成人女性もしくは成人女性の埋葬小群に近接ないし付随するものが六遺跡一二例と、全体の八分の一強を占める。

図35は、G・P・マードックが調査した各地の民族の食料獲得における性別労働分担の比率を

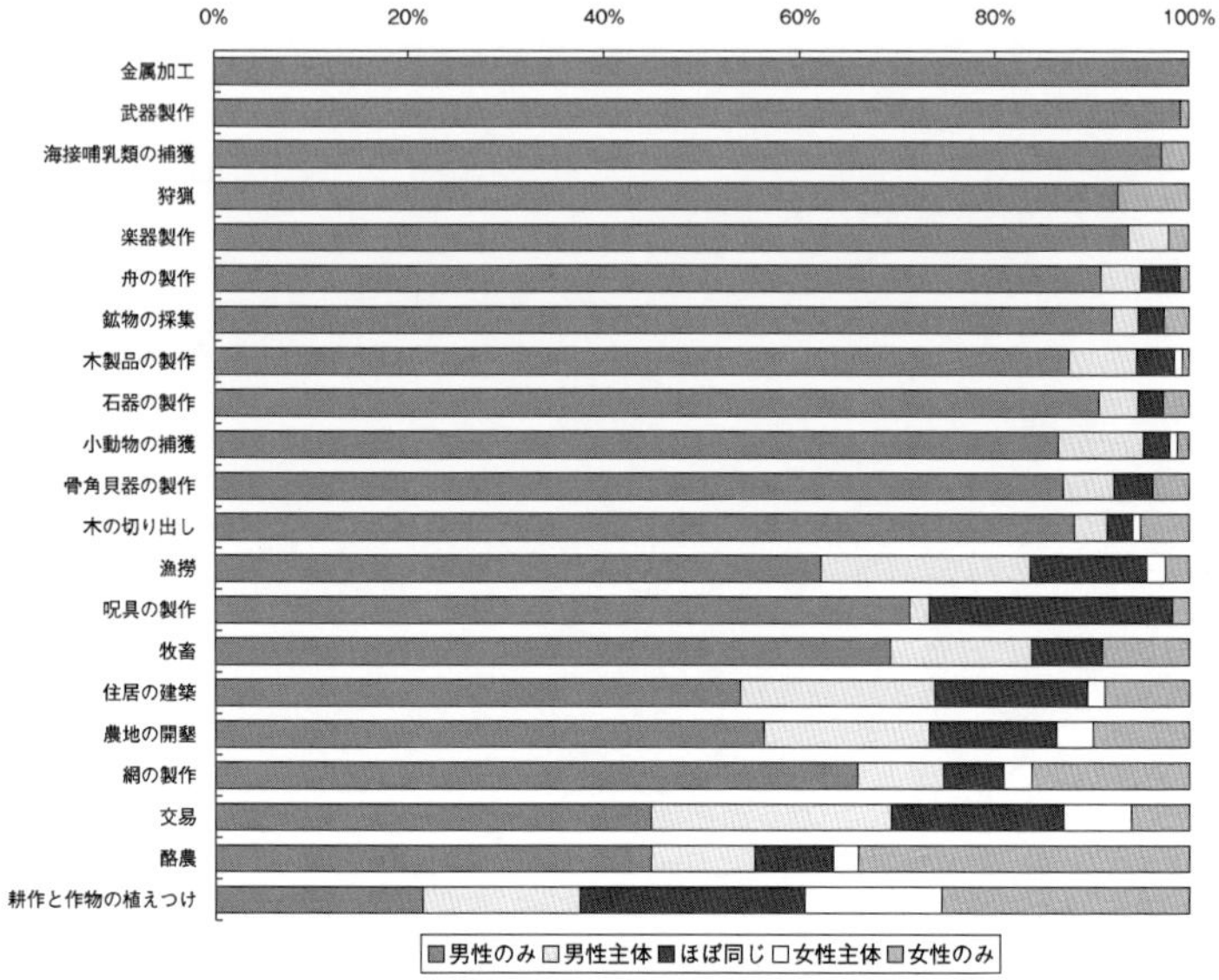

図35　マードックによる世界の諸民族における性別分業のあり方

グラフにしたものである（Murdock 1965）。これをみると男性が主体となって行い、イヌが関与する生業活動としては、小動物の捕獲を含めて第一に狩猟活動を、第二に牧畜を挙げることができる。縄文時代に牧畜が行われていたとは考えられず、イヌの利用はおのずと狩猟に限定される。縄文時代においても狩猟は重要な生業活動の一つであり、これを担当したと考えられる成人男性とイヌの関わりは深かったに違いない。これらのイヌが猟犬だったからこそ、死してなお成人男性と近接して埋葬されたのであろう。

イヌと子供

ここで注目しておきたいのが、子供のみの埋

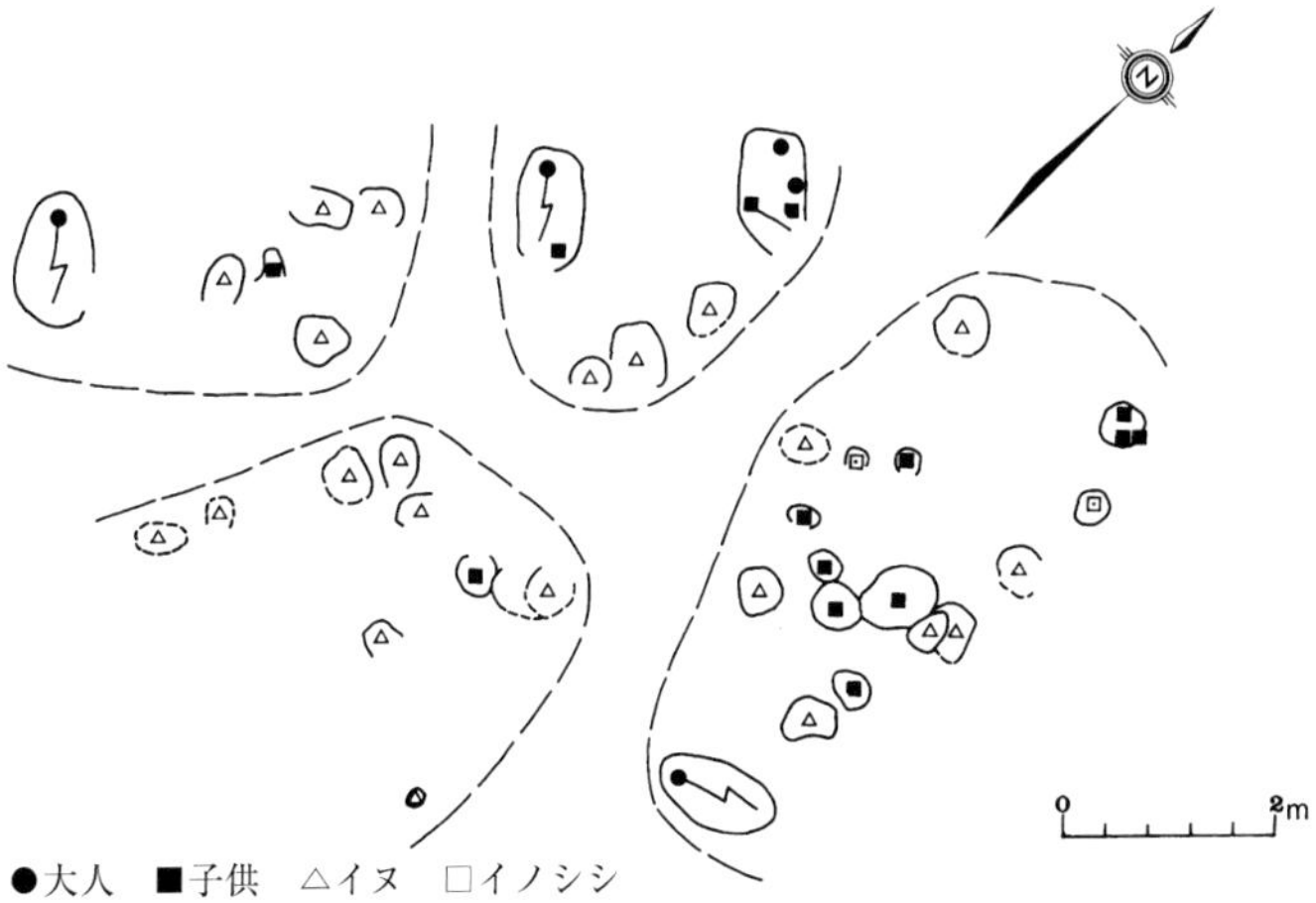

図36　宮城県田柄貝塚におけるヒトとイヌの埋葬位置

葬に近接するものが同じく八分の一強を占めるという事実である。少し具体的な事例を探っておくことにしよう。

宮城県田柄貝塚からは、新生児期の埋葬例が一二体出土している。それらのうち単純土坑などへの埋葬例が七体、土器棺墓に埋葬されたものが五体である。注目したいのは、これら子供の埋葬例とイヌの埋葬例の位置関係である。図36は、田柄貝塚におけるヒトとイヌの埋葬位置を表したものであるが、一見してわかるように、イヌが新生児期の埋葬例のまわりをあたかも取り囲むように配置されている。

これと同様の事例は、愛知県伊川津遺跡九二年調査地点からも確認されている。こちらのほうは子供の土器棺墓が多いが、これとイヌは非常に近接して埋葬されている。また、イヌと子供の埋葬例が近接し、なおかつ付近に大人の埋葬例が確認できないような事例は、上述の二遺跡以外に、たとえば岩手県中沢浜貝塚や福島県薄磯《うすいそ》貝塚などでも確認されている。埋葬地点が近接するということは、生前における社会的な位置付けや飼育状況において、両者が非常に近しい関係にあったと解釈でき、子供とイヌの親和性がうかがえる。

イヌの民俗と女性・子供

ここで民俗例のほうを振り返ってみると、実は子供および妊娠・出産とイヌは非常に関係が深いことがわかる。

たとえば、胎内で子供を固定し、大きくなったおなかを支えるために締める岩田帯（祝田帯とも書くらしい）の着装日は、戌《いぬ》の日がよいといわれる。これはイヌが多産であり、またお産が軽いというところからきたものであろう。文化人類学者のJ・フレイザーは名著『金枝篇《きんしへん》』のなかで、このような類似するものに効力を発揮させるような呪術のあり方を「類感呪術」と呼んでいる（フレイザー　一九六六）。色や形、言葉、様子などが類似したものが、他のものに影響を及ぼすのではないかとする考え方は、読者の方々にも共感できるのではなかろうか。

この他に赤ちゃんの成長を願う犬張子や、安産を祈願する絵馬にイヌの絵が描かれるなど、その例には枚挙に暇がない。科学が進んだ現在でも出産とイヌを関連付ける風習が脈々と生きている証拠であろう。

このような習俗が、直接的に縄文時代にまで遡るものかどうか、現状ではまだまだ検討が必要であるが、その可能性はゼロではない。むしろ、女性と子供とイヌの呪術的親和性の強さは、かなり古くまで遡ることを想定して、今後は議論していくべきであろう。

以上、イヌの役割を中心として、イヌと女性、イヌと子供のあり方について述べてきた。埋葬例の検討からでは、子供とイヌが一緒に遊んでいるというような風景を、直接的には復元することはできない。しかしながら、このような親和性があるのならば、当時の社会でも日常生活において、子供とイヌはかなり近しい関係にあった、すなわち一緒になって走りまわっていたくらいのことは想像しても、大きくははずれないと思うのである。

「老人」の考古学

縄文時代の「老人」とは？

現在における「老い」のイメージ

赤瀬川原平氏の書いたエッセイに「老人力」というものがある。雑誌連載中から人気のエッセイだったので、読者の中には知っている人もいるだろう。この中で赤瀬川氏が「老人力」としてあげたのは、よく物忘れをする、なにかにつけて「あー」とため息をつく、よくうたた寝をするなどの反努力の力である。「老人力」は、決して高齢者であるが故に持っているポジティブな具体的に何か役に立つような力ではない。一見ネガティブにみえる高齢者の特徴を逆手に取った発想である。だからこそ、洒落として面白く、さらにそこから人生訓が引き出されたりする。その背後には、年をとることに対するある種の讃歌が読み取れる。

その一方で、高齢者を有効に活用しようという提言の一環として、二〇一一年三月一一日に発生した東日本大震災およびそれに伴った大津波に起因する原発事故において、東京電力内部では二号機の海水注水ラインを作動させるために、放射線の影響をふまえて、年配の職員を中心として「爺の決死隊」を組織することを検討したとの報道があった（MSNサンケイニュース、二〇一二年八月七日版）。

同様の発想は、ほかにも見られた。読売新聞のオンライン版では、高齢の技術者が原発事故のために立ち上がるべきであるとするインタビューが掲載されたばかりでなく、日本政府への働きかけを求めてアメリカを行脚する高齢者技術者集団の代表が取り上げられていた（YOMIURI ONLINE二〇一二年八月一九日版）。

高齢者であるがゆえに、危険な地帯に率先して行くべきとするこの発想は、たとえ提言をした本人にはその意思がなかったとしても、第三者からみれば命の軽重を生物的な余命の指標でもある年齢によって問うという点において、考えさせられるものがある。

かといって、書店に行ってみると、実に多くの「老い」、すなわち一定年齢以上における加齢にまつわる書籍や雑誌が立ち並んでいる。規模の大きな書店の場合、この手の書籍や雑誌が集められて、一つの特集コーナーを形作っていることさえある。また、これらの書籍の売り上げはおおむね順調であり、中にはミリオンセラーを達成したものもあるという。現代の人々が「老い」に対して並々ならぬ関心を抱いている証拠である。

このような「老い」に対する思いを反映してか、アンチ・エイジング（抗加齢）に関する市場規模は、今や年間五〇〇〇億円を突破しており、その額は年々伸びている。ネガティブな意味での「老い」は、今や継続的に成長を見込むことができる大きな市場なのである。こうして「老い」は、より消極的な方向へと再生産されていき、おそらくその終着点は死の克服や否定にまで行き当たるだろう。かくして、今日では「老い」はさまざまな意味で商業ベースに乗り、その文脈で使用されることが多くなっているといえる。いったいいつから日本人は「老い」をネガティブなイメージで眺めるようになったのだろうか。

「老人」とは誰のことか？

老いた人のことを、一般的には老人という。また、高齢者ともいう。しかし、高齢者には、単に年齢が高い人という、あくまでも生物学的なニュアンスがある。一方で、あえて括弧をつけるが、「老人」とは単なる高齢者ではなく、年を重ねたにふさわしい知識・分別、場合によっては人脈や財産、社会的地位を供えた人物のことであり、いささか文化的・社会的な側面を有している。その中で、突出した存在が「長老」であろう。しかしながら、近年の独居老人などの言葉に代表されるように、この「老人」という言葉にも今や消極的なイメージが付随していることは否定できない。先の「老い」と同じである。

ところが社会学的な研究によれば、このようなイメージの形成は、身近に祖父母などの高齢者がいたかどうかによっても大きく変化するという。だとすれば、「老人」に対するイメージの形成とそのあり方は、家族形態や社会構造のあり方と大きく関係すると捉えることも可能だろう。これは過去においても同様である。高齢者に対するイメージ、あるいは実際の生活場面における高齢者の取り扱い方を歴史的・民俗的に省みることによって、「老人」たちがどのような社会的立場に置かれてきたのか考えることができる。たとえば、縄文時代における「老人」の扱われ方を検討することによっても、当時の社会がどのような状況にあったのか推察することが可能である。後で詳述するが、「老人」の社会的位置付けから、当時の社会がどの程度複雑化していたのか、もっとはっきりいうと、当時の社会が階層化していたのかどうか、推定することも可能だ。このような視点も踏まえて、しばし縄文時代の「老人」について考えを巡らせてみることにしよう。

学問的見地からみた「老人」

先に述べたように、民俗学や文化人類学の成果を概観しても、出産や子育てに関する産育儀礼などの検討を中心として、子供に関する研究は多い。一例を挙げるとすると、たとえば、もはや古典となった大藤ゆきの『児やらい』（大藤　一九六八）などがあるが、この手の研究は枚挙に暇がない。

その一方で、これまで情報提供者としてさまざまな民族・民俗学的な知見をもたらしてくれたはずの「老人」に関する研究は、実はさほど多くないとされている（青柳　二〇〇四）。学問的な対象として「老人」自身が取り上げられたこと自体が、少ないということなのであろう。

しかし、日本民俗学の分野では折口信夫《おりぐちしのぶ》の業績をはじめとして、「長老」や「老人」の役割およびその社会性に着目した重要な研究も存在する（折口　一九二三、宮田　一九九六、関沢　二〇〇三など）。また、文化人類学や哲学的な見地から「老い」について考察を試みたものとしては、たとえば有名どころで言えば、ボーヴォワールのアンソロジーである『老い』（ボーヴォワール　一九七二）や、伊東光晴他編による『老いの発見』（伊東他編　一九八六）がある。この他、形質人類学的な見地からは木村邦彦の概説（木村　一九七九）などがあり、「老い」や「老人」に関する研究は、必ずしもまったくないわけではない。むしろ、過去あるいは世界の諸民族における高齢者への対応の仕方は、高齢化社会を迎えた現代において参考となる部分が多いに違いない。

これまで私は、関連諸分野におけるこれらの研究成果を横目でながめていたが、さて考古学ではどうだったかと、縄文時代の社会に関する考古学的研究成果を再度見つめ直してみると、「老人」という社会文化的カテゴリーの検討はおろか、当時の高齢者たちがどのような社会的立場にあったのか、具体的な資料を基に考察を行ったものがほとんどないことに気がついた。ここでいう高齢者とは、縄文人の平均的な死亡年齢段階である熟年期（四〇〜六〇歳頃まで）を超えて生存していた人々のことであり、形質人類学的には老年期（推定年齢六〇歳以上）に分類される人々をさす。ちなみに、一六〜二〇歳ぐらいまでを青年期、二〇〜四〇歳ぐらいまでを壮年期と、私は区分している。ただし、この区分はあくまでも形質人類学的なものであり、老年期に属する高齢者＝「老人」ではない。本書でも述べてきたように、縄文時代の子供たちが大人とは違った扱いを受けていたことが明らかとなり、縄文時代の人々が年齢段階や社会的経験の有無等の要因によって区分されていたことがわかっている以上、子供たちと同様に高齢者たちが社会文化的に「老人」として認知され、一般の大人とは違った扱いを受けていた可能性についても考える必要があるだろう。

また、世界の民族誌を集成したHRAF（Human Relations Area Files）を検索しても、なんらかの形で高齢者を社会文化的に「老人」と認定し、これを通常の大人とは異なった扱いをしている事例が多いことからみて、縄文時代においても同じ文脈で「老人」が存在したと考えても、あながち突飛な思いつきとはいえないはずだ。ここでは縄文時代の例を中心に、社会文化的な意味での「老人」が存在したのかどうか、存在したとすればそのあり方はどのようなものであったのか、検討を加えてみることにしたい。

考古学からみた「老人」

では、考古学的に「老人」をどのように定義すればよいのであろうか。残念ながら、純粋な考古学的手法のみから、たとえば遺物や遺構を分析するという方法では、「老人」を定義することはできない。これには形質人類学の助けを借りる必要がある。形質人類学的に人の年齢を知るには、さまざまな方法がある。たとえば、頭蓋にある三主縫合線の閉鎖度合だ。人の頭のことを人類学的には頭蓋《とうがい》と呼ぶ。この頭蓋にはギザギザがあ

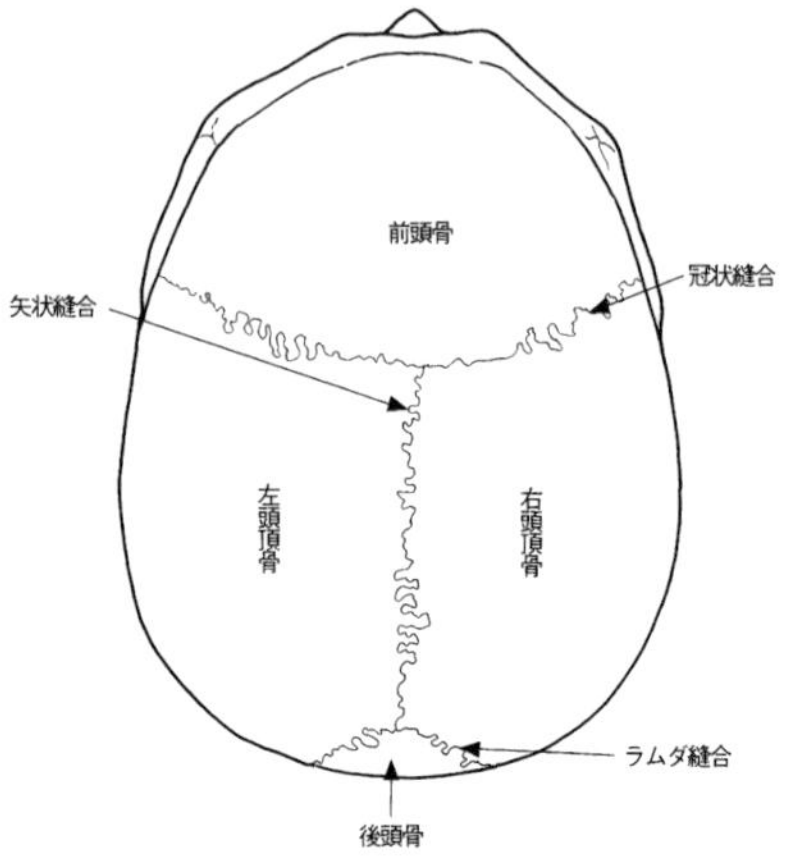

図37　頭蓋における三主縫合線（谷畑美帆・鈴木隆雄『考古学のための古人骨調査マニュアル』学生社，2004より）

る。これを縫合線という。縫合線には大きなものが三種類ある。頭の右からてっぺん、そして左へと、ティアラなどの冠のようにまわる冠状縫合線、頭の前から後ろにかけてある矢状《しじょう》縫合線、後頭部にあるラムダ縫合線である（図37）。これらの三主縫合線は、若いうちは完全に開離しているが、年を重ねるにつれて内側から次第にくっついてくる。癒合・癒着と呼ばれるこの現象は、熟年期（だいたい四〇歳から六〇歳未満まで）になると、内側で完全に癒合してしまい、老年期（六〇歳以上）になると、外側まで癒合し、ヘルメットのようにつるつるになる。最近では、この方法の精度もあまり高くはないとされており、他の方法と組み合わせて人骨の年齢を推定することが一般的である。たとえば、恥骨結合面や腸骨耳状面の形状変化や、肩甲骨や腸骨、肋骨などの状態によって、年齢を推定する方法も開発されている。ここでは先に述べた方法によってふるいをかけて、おおよそ六〇歳以上と判断される事例について考えてみよう。

「老人」への接近方法

先にも述べたように、頭蓋の三主縫合線が内外板ともに完全に癒着していれば、その人骨は老年期（通常六〇歳以上）と判定される。しかしながら、これらの形質人類学的視点はあくまでも骨からみたその人の加齢状態であって、それがそのままその人の社会的状態を指し示すわけではない。年齢段階としての老年期と社会文化的な存在である「老人」は必ずしも一致はしない。これについては、文化人類学的な見地から「老い」についてまとめている青柳まちこらの研究が参考になる（青柳編　二〇〇四）。青柳は、グラスコックとファインマンらの通文化的な研究成果（Glascock and Feinman 1981）をもとに「老い」の指標として、①年齢、②病弱、③老衰、④労働形態の変化、⑤子供たちの成人、⑥閉経、⑦身体的変化、の七つを取り上げている。もちろん、どのような状態を「老い」とみなし、「老人」とみなすかという点は、さまざまな文化的背景や集団レベルによって異なったはずであり、一律に定義することが不可能であることはいうまでもない。

たとえばフォナーなどは、かつては「老人」が必ずしも明確に区分されたものではなく、経済活動からの強制的な退職という近代化が生み出した、ここ一〇〇年ばかりの間に誕生した人生の段階であるとさえ主張している（Foner 1984）。このような主張はフィリップ・アリエスの『〈子供〉の誕生』などにもみることができ（アリエス　一九六〇）、近世および近代の成立とともに人のライフヒストリーが大きく変化したことを指摘したものとして重要である。「老人」と「子供」というカテゴリーが、近代において新しく成立した社会的区分であるという説は、一見魅力的である。

もちろん前にも述べたように、フォナーの主張は、そのまま日本に、特に縄文時代に直ちに適用できるものではない。ただこの視点は、現代を生きる我々が縄文時代の「老人」を考える上で十分検討される必要があるだろう。実際、現在のわれわれが日本固有の文化的な伝統であると思い込んでいるさまざまな事象、たとえばイエ制度や武士道、長男の優遇などが、本当は明治時代以降に改変・創作されたものであったということは多く、そのような見方を直接的に縄文時代研究に持ち込むことはできない。そこで、まずは形質人類学的な検討を行い、当時の平均寿命を超えて生存していた高齢者を抽出することから始めよう。

私が全国の縄文人骨出土例を集成して確認したところ、縄文人骨の死亡年齢段階は、壮年期ないしは熟年期の場合が最も多い。したがって、老年期の人骨埋葬例を通常よりも長寿であった高齢者の埋葬例と捉えることは妥当であろう。

また、実際問題としてグラスコックらが示した「老い」の指標のうち、考古学的あるいは形質人類学的な見地から私たちが観察できるのは①の年齢のみ、場合によっては古病理学的見地から推察される⑦の身体的変化も含めて、この二つ程度であろう。ここでは老年期の事例を高齢者と捉え、これを適宜他の年齢段階の事例と比較対照することによって、縄文時代の「老人」について抽出を試みることにしよう。

高齢者たちの墓

縄文時代における高齢者

では、縄文時代の遺跡から六〇歳を超えるような老年期の人骨は、いったいどれくらい出土しているのであろうか。

現在までに私の管見に触れ、かつ考古学的および形質人類学的な属性を検討することのできる老年期の人骨出土例は、全国で三六遺跡・一一〇例である。その性別の内訳は男性五一例、女性五四例、遺存状態が悪く性別鑑定不能なものが五例である。集成した資料の地域別、時期別の内訳は、表3の通りである。

全国を八つに分割した地域区分は、土器型式の分布範囲や石器・骨角器などの組成等を加味して判断したものである。

晩期		
男性	女性	不明
0	0	0
2	0	0
2	0	0
0	0	0
0	0	0
12	18	0
4	8	0
0	0	0

表３　高齢者の埋葬例の地域別数（時期不明は除く）

	前期			中期			後期		
	男性	女性	不明	男性	女性	不明	男性	女性	不明
北海道東部	0	0	0	0	0	0	0	0	0
北海道南部・東北地方北部	0	0	0	1	0	0	0	0	0
東北地方南部	0	0	0	1	0	0	0	0	0
関東地方	0	0	0	8	4	0	13	17	2
北陸地方	0	0	0	0	1	0	0	0	0
中部・東海	0	0	0	0	0	0	3	2	0
近畿・中四国	1	0	0	4	1	0	1	0	0
九州	0	0	0	0	0	0	0	1	0

これらの詳細については拙著（山田　二〇〇八ａ）を参照していただきたい。

さて、これらの数字は、私の管見に触れた壮年期人骨の事例数五二七例、熟年期人骨の事例数五八五例と比較しても、明らかに少ないといえる。人骨の遺存する周辺環境等を考慮する必要もあるが、やはり老年期まで生存したものは、当時においては相対的に少数であったと考えることができるだろう。その意味で、通常の死亡年齢よりも長寿であった彼らのような少数派がどのような埋葬属性を持っていたのか知ることは、縄文時代において「老人」という社会文化的なカテゴリーが存在したのか、存在したとすればその位置付けはどのようなものであったのかという問題を考える上で重要な手がかりとなるに違いない。

以下、これらの資料をもとに、老年期の人骨出土例について全国的な見地から検討を加えることにしよう。

高齢者の埋葬形態

まずは、高齢者の葬られ方である。繰り返すが、私は、一つの墓に一人が埋葬される場合を単独葬、二人以上の複数人が埋葬される場合を合葬と呼んでいる。また、一回墓に入れられただけで、その後に遺体が動かされることがなかったと思われるものを一回の埋葬で終わったという意味で単葬、埋葬後に再びなんらかの理由で遺体が動かされ、再び埋葬が行われたと思われるものを複葬と呼ぶことにしている。この分類を老年期の埋葬例に当てはめてみよう。

老年期の埋葬例一一〇例に対し、単独・単葬例は八一例（七三・六％）、合葬・単葬例は八例（七・三％）である。また、単独・複葬例は二例（一・八％）であり、合葬・複葬例は一四例（一二・七％）である。老年期の埋葬例においても、基本的には単独・単葬例が多いということができるだろう。また、複葬例の場合、単独葬例と合葬例の割合はおよそ一対七であり、複葬される場合は基本的に合葬されることが多かったということができるだろう。ただし、このような傾向は、他の年齢段階の大人の埋葬例のあり方と大きく相違することはなく、その意味では老年期の埋葬例が特別に扱われたという証拠は存在しない。

高齢者の墓の大きさ

次に、遺体が入れられていた土壙《どこう》（単純土坑）の規模を考えてみよう。土壙の規模が大きくなればなるほど、単純計算では、墓をつくるのにかかる労力・コストは大きくなる。したがって、特別扱いされていた人物の土壙は、特に大きなものとなる可能性もある。

一方で、埋葬姿勢が同じであるならば、土壙の規模は年齢段階が上がるに連れて大きくなる傾向があることがわかっている。しかし、身体的な成長が停止した壮年期以降の事例になると土壙規模は、たとえ年齢段階が上がったとしても、ほとんど変わらない。つまり、同じ埋葬姿勢であるならば、年長者であるからといって、より大型の土壙に埋葬されるということはなかったことになる。逆に、高齢者が埋葬された土壙が通常よりも大きいのであれば、それは高齢者に対する優遇措置がとられた証拠となるだろう。

縄文時代における老年期の埋葬例のうち、土壙の規模が判明した事例は三五例存在した。埋葬姿勢がいわゆる屈葬の場合、土壙規模の最大値が一・五〇m《メートル》、最小値が〇・七〇m《メートル》であった。これらの数値は他の年齢段階の事例と比較して特に大きいというものではない（山田　一九九九）。したがって、土壙の規模においても、全体論としては老年期の事例が特別扱いされたとみなすことはできないことになる。

高齢者の装身具・副葬品の保有状況

どの個体に装身具が伴ったのか判然としなかった中妻《なかづま》貝塚出土例を除外した一〇七例のうち、装身具を伴う事例は一一例、全体の一〇・六％である。その内訳は、単葬・単独葬例が九例、単葬・合葬例が二例であり、複葬例には装身具および明確な副葬品をともなうものは存在しなかった。

全国的に見た場合、私が集計したデータによれば壮年期および熟年期人骨の装身具着装率はそれぞれ、六・三％および八・五％であり（山田　二〇〇四）、その全体的な割合は老年期の埋葬例の方がやや高いということができよう。しかし、これは各年齢段階における出土人骨の数の差が影響したものである。装身具や副葬品を伴った出土人骨の単独・単葬例は全国で一四七例に限定されるが、これらの事例における各年齢段階の割合は壮年期人骨が一七・〇％、熟年期人骨が二八・六％であるのに対して、老年期人骨ではその割合は六・八％と激減し、明確な差が存在する。

また、縄文時代後期と晩期に限っていうならば、両時期ともに装身具の種類別保有状況は、熟年期と比較して老年期のほうが逓減している。老年期の事例だからといって、ことさら数多くの装身具や副葬品を身に着けていたのではなく、むしろ何も着けていない、持っていないという人物が多くなっているということになる。

高齢者の特殊な埋葬例？

ここでは、老年期の埋葬例が他の事例と比較して特別なあり方をしている可能性のあるものを取り上げて、その様子を確認してみよう。管見に触れた老年期の埋葬例のうち、特別な扱いをされた可能性のあるものは、北海道コタン温泉遺跡出土例・宮城県里浜貝塚出土例・千葉県高根木戸貝塚出土例の三例である。

北海道コタン温泉遺跡からは、前期から後期にかけて合計で二〇体の人骨が出土している。このうち老年期の埋葬例は九号男性人骨である。九号人骨は、出土した層位から中期のものと考えられており、同じく中期の事例と考えられる人骨埋葬例は一一号（新生児期）、一五号（青年期・女性）、一六号人骨（熟年期・男性）の三例である。九号人骨は俯臥屈葬例であり、上顎の右第二切歯に抜歯が認められる。九号人骨の頭部付近の土壌には、径二〇チセン程の円形状をなした形で赤色顔料（ベンガラ）の散布が認められ、そこに九号人骨の顔面が埋まった状態で出土している。頭位方向はN40°W（北から四〇度西へ傾く）である。

九号人骨以外の埋葬例は、仰臥屈葬ないし側臥屈葬である。また、一六号人骨にも上顎右第二切歯の抜歯が確認できるが、赤色顔料の散布は他の三例には確認できない。九号人骨が、唯一の俯臥屈葬例であること、また赤色顔料が散布され、そこに顔面を埋めた形で埋葬されていたことなどを考慮すると、この九号老年期人骨はコタン温泉遺跡においては、特異な埋葬例であったということができるだろう。しかしながら、俯臥屈葬例でかつ多量のベンガラ散布、そして顔をそこに突っ込んでいたとなると、あんまり立派な方の埋葬例とも思われない。

宮城県里浜貝塚の場合、一九一八年に松本彦七郎が発掘を行い、それによって出土した合計一六体の人骨の中に老年期人骨が含まれている。私が東北大学総合博物館において人骨に伴出した土器を実見した限りにおいて、これらの人骨の多くは基本的に縄文時代晩期大洞《おおほら》C２式期のものと考えてよさそうである。

埋葬形態が判明しているのは、これらのうち一三例であるが、問題となる老年期の埋葬例は一二号男性人骨である。本例は幼児期の子供との合葬例であり、松本の発掘地点においては唯一の合葬例である。頭位方向について検討してみると、二号人骨（青年期・女性）、八号人骨（子供・不明）、九号人骨（熟年期・男性）の三例がW30°NからW45°Nの範囲に頭位方向を持つのに対して、他の人骨はほとんどがE30°SからE55°Sまでの範囲に頭位方向を持つ。赤色顔料は、一号人骨（熟年期・男性）、三号人骨（子供・不明）、六号人骨（熟年期・男性）、一〇号人骨（熟年期・男性）、一一号人骨（熟年期・男性）以外の全ての人骨で確認されている。その意味では一二号人骨は、多数派側に属しているということもできるだろう。ただし、一二号人骨は他に比して赤色顔料の量が多かったという松本の記述には注意しておきたい。

一方、装身具の着装状況をみてみると、二号人骨、七号人骨、一二号合葬幼児期人骨には首飾りとして玉類が伴っていたのに対して、他の大人の埋葬例には装身具が一切伴っていない。しかしながら、唯一の例外が一二号人骨であり、右手に貝輪を二点着装していた。唯一の合葬例であること、ならびに大人としては唯一の装身具着装例であること、貝輪の着装は本来女性に多く、右腕のみに着装することは不自然であることなどを勘案すると、里浜貝塚においては老年期の埋葬例である一二号人骨が特別扱いされていた可能性があるといえる。「老人」の埋葬例として考えてもよいだろう。

千葉県高根木戸貝塚の場合、合計で八体の埋葬人骨が出土しているがこれらのうち、老年期に属すると思われるものは五号男性人骨である。この五号人骨は、第九一号小竪穴（貯蔵穴か？）の底面近くに横たわり、頭部に大型の深鉢破片を被せられていた、いわゆる「甕被葬」の事例である。興味深いのは、人骨の各部の位置関係が解剖学的に自然な位置になく、遺体の腐敗がかなり進行した状態で埋葬されたものと考えられていることだ。このような状況は、遺体が長時間にわたって土坑内でむき出しの状態となって置かれていた「埋めない墓」である可能性もある（小林　一九九七）。このような事例が「甕被葬」例であるということには、注意しておいてよいだろう。その意味では特殊な事例ということができるが、これも「えらもの」が埋葬されたわけではなさそうである。

また、千葉県松戸市子和清水《こわしみず》遺跡からは、老年期の人骨が、二例とも頭蓋を除去された状態で出土している。これも特別な埋葬例の可能性があるが、当該事例のように人骨の頭部を除去する事例は、関東地方の加曽利《かそり》Ｅ１式期を中心として各年齢段階のものが存在することから、速断はできない。

以上、管見に触れた事例の中から、遺跡内において老年期の埋葬例がなんらかの形で特別な扱いをされている可能性のあるものを拾い出してみた。その結果、全体論として、埋葬形態や埋葬施設、埋葬地点に関しては、他の年齢段階の埋葬例とほとんど差がないということがわかった。

また、装身具や副葬品の保有状況については、壮年期、熟年期と比較して量および種類ともに減少していることも判明した。壮年期と熟年期の人々は、その年齢からしておそらくは集団や集落構成員の中に数多く含まれていたであろうし、働き盛りの彼らは、集団内においても中核的な役割を担っていたことだろう。そして、そのような人々よりも長生きした高齢者たちが、少なくとも埋葬時において、特別扱いをされていた証拠はほとんど存在しないということになる。では、縄文時代には、「老人」は存在しなかったのだろうか。もう少し、考えてみよう。

見えてこない「老人」像

文化人類学的見地からみた「老人」の位置付け

文化人類学者の青柳まちこは、シモンズの研究を参考にしつつ、「老人」に関して通文化的な検討を行っている（青柳　二〇〇四）。それによると、「老人」は多くの場合、年を取りすぎて無力にならない限りは、なんらかの形で尊敬ないし畏怖の対象となっており、その主たる要因は、「老人」の有する広範な知識、熟練した技能、呪術的能力、宗教的権威などによるとされている。また、「老人」が食料を自ら入手するのではなく、他者からの分配に依存する度合いは、気候環境の劣悪な地域や社会の複雑化が発達していない地域ほど顕著に高く、社会がより複雑な発達の様相を見せ始めると、「老人」の食物分配に対する依存の度合いは減少するとされている。さらに「老人」の食物分配への依存度合いは、採集・漁撈民ほど強く、狩猟民・遊牧民ではやや少なくなり、農耕民

社会制度・組織						老人の権限										老人の社会的取り扱い									
42	43	44	45	48	49	121	122	127	128	147	148	153	154	181	182	191	192	193	194	205	206	219	220	221	222
妻方居住	夫方居住	母系出自	父系出自	母系相続	父系相続	首長の存在m	首長の存在f	奴隷を含む所有権の保持m	奴隷を含む所有権の保持f	葬送儀礼の執行権m	葬送儀礼の執行権f	呪術の執行権m	呪術の執行権f	祭事における主導権m	祭事における主導権f	尊敬・畏怖の対象m	尊敬・畏怖の対象f	共同体による支援m	共同体による支援f	老人であるが故の特権承認m	老人であるが故の特権承認f	物理的暴行・殺害m	物理的暴行・殺害f	犠牲にされるm	犠牲にされるf
=	=					=	−			0	+	+	+		+		+								
−	=	=	=		+	+	0	=				+	=	+	=	+	+	−	−	+		0	0	0	0
	+		=		+	−		+		+	=	+	+	+	+	+				+	=				
0	+	0	+	0	+	=	0	+	−			=	=	+		+									
=	=	=	=		=	+	0					+		=	=	+	+	+	+	+	=	0	0	0	0
	+	+			+	+		+			=	+	=			=	−	+	=			−	=		
=	−	+			+	=		=			=	+	=	=	−					=					
	+		+		+	+				+		+	=	+		+		+			=	0			
0	+	+	0	+	−	+	=	=	=		+	+	+	=	=	+	+								
0	+	0	+	0	+	=		+	0			=		+		+	+	+	+	+	=	0	0	0	0
0	+	+	0	+	0	=	−	+	−		+	+	+	+		+	+								
0	+	+	0	=	=	=		+				+	=			+						=	=		
	+					=		+		+	=	+	=	=		+	=			+	−				
=					=	−	0	+	+	+	+	+	+			+	=			+		0	0	0	0
−	=				−	−		−	−	=				=	=	−	−	−	−						
	+		+		+	−	0	=				=	=			=	−								
=	+		+		+	=	0			+	=	+		+		+	=	=	=	+	=	0	0	0	0
−	+	−	+	−	+	−		+	+	=	+	+	+			+	−	=	=		−	+	+	−	0
+	0	+	0			+	0	−				+	+	+	+	+	+	=	=	+	+	−	−	0	0
	+	+				+		+	+			+	+	+	+	+		+	+	+	+				
	=	=	−	−	=	+							+	+		=									
0	+	+	0		+	+	0	−	=	+		+		+		+	−			+		0	0	0	0
=	=					=	0					+	+	−	−	+	=	=	=		=	+	+		
=	=					−						+	+			+	+								
=	=					−	0	−				+	+	+		+	=	=	=			−	−	0	0
	=	+	0							+	+	+	+	+		+	+	=	=			0	0	0	0
	+				+	+		+			+	+	+		+	+									
−	+	+	0	+	0	=	−	+	+		+	+	+			+	+			=	=	−	−		
	+		+		+	+		+				+	=			+	=	=	=			0	0	0	0
+	0	+	0			=			+	=	=					+	+								
−	=	−	+		+	=		=	−	+	+	+	+	+		+	−						=		
+	−				=	+	0	+	=	+	+	+	+	+	+	+	+	0	0	+		0	−	0	0
			=		=	+								=		+	+	+	+	+	+				
+	−	+	0	+	0	+			+	+					+	+	+	+	+			−	−		
	+				+	+						+		+	+	+				−					

表4　「老人」の社会的取り扱いに関する民族誌

		居住形態				生業形態								社会制度・組織							
	シモンズの属性番号	1	3	4	5	6	7	8	9	10	11	12	13	23	24	25	26	27	28	29	30
民族誌に見られる属性	部族名	定住性	耐久性のある住居	共同家屋	男女別居	採集活動	狩猟活動	漁撈活動	牧畜（牛・羊など）	農耕	食料としての穀物利用	食料供給の安定性	9以外の家畜	奴隷制度	債務の有無	交易	貨幣等による交換	土地の共有	土地以外の私有財産	土地の私有	食料の共同分配
1	アビポン	−	−			=	+		+	0	−	+	−	−			−	+	+	0	
2	アイヌ	=	−	0	0	−	+	+	0	=	=	+	=	0	0	+	0	=	+	0	−
3	アカンバ	+	−		0		−		+	+	+	=	−	−	+	+	+	−	+	=	=
4	アルバニアン	=	=	+			−	−	+	=	+	=	=			=	=	=	+	+	
5	アンダマン島民	=	−	=	0	+	+	=	0	0	0	=	0	0	0	−	0	=	+	0	+
6	アラウカノ	+	=	0		−	−	0	+	+	+	+	=	=	=	+	−	+	+	−	+
7	アラワク	=	=	=			=	=	0	+	+	+	=	0		+	=	+	=	0	=
8	アランダ	−	−			+	+					=	−					+			
9	アシャンティ	+	=	=			=	=	−	+	+	+	+	+	+	+	+	+	=	0	
10	アステカ	+	+	=	0	0	+	+	0	+	+	+	−	+	+	+	+	=	+	+	=
11	バコンゴ	+	=	0	+		=	−	−	+	=	=	+	+	+	+	=		+	+	=
12	バンクス島民	+	−		+		−	=	0	+	0	=	=	−	=	=	+	−	+	+	
13	ベルベル	=	=	=	0	−	=	−	+	=	+	=	+			+	+		+		−
14	ボントック	+	+	0	+	0	−	−	0	+	+	+	=	0	+	+	+	−	+	+	−
15	ブッシュマン	−	−	0	0	+	+	−	0	0	0	−	−	0		=	−	=	=	0	+
16	チン	=	+	0	0	0	−	−	=	+	+	=	+	+	=	+	=		+	+	
17	チプウィヤン	=	−	−	0	=	+	+	0	=	+	+	−			=		+			
18	チュクチ	−	=	0	0	−	=	−	+	0	0	−	−	0		+	−		+		=
19	クリーク	=	=	0	−	−	=	−	0	+	+	+	−	0		=	=	+	=	−	+
20	クロウ	−	−			=	+			0		+	=	−		=		+	+		=
21	ダホメ	+	=	=	−				−	+			+	+		+	=	+	+	−	
22	ディエリ	−	−	−		+	=	=	0	0	0	−	−	0	−	+	−	=	=	0	−
23	ラブラドールエスキモー	−	−	−	0	=	+	=	0	0	0	=	−			−			+	0	=
24	ポイントバローエスキモー	+	+	−	0	−	+	+	0	0	0	−	−			=			=		=
25	ポーラーエスキモー	−	+	0	0	−	+	−	0	0	0	−	−	0	0	−	0	+	−	0	+
26	クルナイ	−	−		+	+	+	=	0	0	0	=	0		=			=			
27	ファン	+	=	0	−	=	+	+	−	=	+	+	+	=		=	+		−	−	
28	ハイダ	=	+	=		=	−	+	0	−	0	+	−	+		+	=	=	+	+	
29	ヘブル	−	=				−		+	+	+	=		+	+	+	+		+	+	−
30	ホピ	+	+	=	0		=	0	−	+	+	=	−			=		=	+		
31	ホッテントット	−	−	−	−	−	=	−	+	0	−	−	+	−		=	−	+	+	−	−
32	イバン	=	=	+	0	−	−	=	0	+	+	+	+	=	+	+	=	−	+	+	−
33	インカ	+	+				−		+	+	+	+	=	=		−	0	+	−	0	+
34	イロコイ	+	=	+	0	=	+	=	0	=	+	+	−	−	0	−	−	=	+	=	+
35	ヒバロ	+	+	+			=	=	0	+	+	+	=			=			+		

社会制度・組織						老人の権限										老人の社会的取り扱い									
42	43	44	45	48	49	121	122	127	128	147	148	153	154	181	182	191	192	193	194	205	206	219	220	221	222
妻方居住	夫方居住	母系出自	父系出自	母系相続	父系相続	首長の存在m	首長の存在f	奴隷を含む所有権の保持m	奴隷を含む所有権の保持f	葬送儀礼の執行権m	葬送儀礼の執行権f	呪術の執行権m	呪術の執行権f	祭事における主導権m	祭事における主導権f	尊敬・畏怖の対象m	尊敬・畏怖の対象f	共同体による支援m	共同体による支援f	老人であるが故の特権承認m	老人であるが故の特権承認f	物理的暴行・殺害m	物理的暴行・殺害f	犠牲にされるm	犠牲にされるf
0	+				+	+	−	+		+	+	=	+		+	+	−	−	−	+	+		+		
0	+	0	+	0	+	+		+				+		+		+				+					
−	+	0	+	=	+	+	0	+	0			+	+	+	=	+	=	+	+	+	=	0	0	=	=
=	=	+		=			0	=	−			+	+	=	=	=	=					−	−		
−	=	+	+	=	=	+		+	=	+	+	+		+	+	+	=			+	+				
0	+	0	+	0	+			+	0			+	−	+		+	=	−	−	+		0	0	0	0
	+							+				+	+					=	=			=	=		
=	−				−	=		−	−	+	=	+	=		+	=	=	=	=	−		=	=	0	0
0	+	0	+	0	+	=	0	+	−	−												0	0	0	0
−	=	−	+	−	=			+		+	+	+	=	+	+	+	=			=		−			
=			+		+	=		+				+				+	+					0	0		
	+		+		+	=						+						=							
−	+		+	0	+	+		+								+		+							
−	+	0	+	0	+			+	−							+	=					0	0	0	0
+	−	+	−	+		=	−	+	+	=		+	=	+		+	+	−	−						
0	+		+			=	0	+	−		=	−	=									0	0		
	+	=	+		+	+	0	+	=					+		+	=	=	=		−	0	0	0	0
0	+	0	+		=	+		+		+	=	+	+	+	=	+	+	−	−	+	+	0	0	0	0
=	=	+	−	=	−	+	−	=	=	=	=	+	+	=	=	+	+			=	=	−	−		
0	+	0	+	0	+			+	−							=									
−	=	−	=	−	=	+					+	+	+	+	+	+	+	+	+	=	=	=	=	0	0
−	+	=	=		=	+						+	+	+		+	+					0	0	0	0
	+	+	=		+	+	0	+		+		+				+				=	=				
+	0	+	0	+	0	−	=	−	=				+		+	=	+	+	+	=	=				
0	+		+	0	+			+		+		+		=	+							−			
												+		=								0	0	0	0
0	+	0		0	+	+	0	+		+	=	=				+	=								
0	+	+	+	+	0	+	0	+	=		=	+	+	+	+	+	+			=		0	0		
−	=	+	+	+	0	=		+					=			+	+								
0	+	0	+	0	+	=	0	+				+				+	=								
+	−	+	−	=	=	=	0	+				=		=		+	+	=	=			0	0	0	0
0	+	0	−	0	+	=		−	−			+	=		=	−	−	−	−	=	=	−	−	0	0
	+	=				+						+	=	+	=	+						=	=		
0	+	0		0	+	+	0	+	0			+	=	+		=	0	+	=	=		−	=		
−	+	+	=			=						+	0	+		+	+				=	0	0	0	0
+	−	−	−	−	=	+	−	=	=			+	−	+	+	+	=	=	=			−	−		

		居住形態				生業形態								社会制度・組織							
	シモンズの属性番号	1	3	4	5	6	7	8	9	10	11	12	13	23	24	25	26	27	28	29	30
民族誌に見られる属性	部族名	定住性	耐久性のある住居	共同家屋	男女別居	採集活動	狩猟活動	漁撈活動	牧畜（牛・羊など）	農耕	食料としての穀物利用	食料供給の安定性	9以外の家畜	奴隷制度	債務の有無	交易	貨幣等による交換	土地の共有	土地以外の私有財産	土地の私有	食料の共同分配
36	コーサ	+	=		=		+	0	+	+	+	=	+	=	=	+	+	=	+		0
37	カザフ	−	=		0	0	−	−	+	−	−	=	=	+	+	=	+	+	+	−	−
38	キワイ	+	+	+	+	−	−	=	0	+	0	+	=	0	−	+	−	−	=	+	+
39	クテナイ	=	−	0	0	=	+	+	−	−			−	−	=	=		=		=	=
40	クワキウトル	=	+	=	0	=	=	+	0	0	−	=	−	+	=	=	=	+	+	=	=
41	ランゴ	+	−	0	=	−	=	−	+	+	+	+	+	−	+	+	+	+	+	−	−
42	ラップ	−	=	0	0		+	+	+	0	0	−	−	−		=	=	=	+		
43	レングア	−	−	=	0	=	+	+	=	−	−	−	=	0	0	−	−	+	−	+	+
44	マフル	=	−	0	=		=	=	0	+	0	+	=		−	−	−	=	+	−	−
45	マオリ	+	+	0		−	=	=	0	+		+	−	+		=	0	=	+	=	=
46	マングベツ	+	=	0		−	=	−	0	+	=	+	−	+	=	+	=	=	+		
47	メノミニ	=	=	0	−	=	+	=	0	=	+	=	=	=		+		=			
48	モンゴル	−	−	0	0	0	−	0	+	0	0	=	=	−	=	+	−		+	=	=
49	ムンダー	+	+	0	+	0	−	−	=	+	+	=	+		+	+	+	0	+		
50	ナバホ	−	=	0	0		=	0	+	=	+	=	0	−		+	=	=	+	−	=
51	ノーズマン	+	+	0	0	0	=	=	+	+	+	+	+	+	+	+	+	−	+	+	
52	オマハ	=	=	−	0		+	−	−	=	+	=	−	0	=	−		=	+	−	=
53	パラウン	+	=	−	0	0	0	0	−	+	=	+	−	0	+	+	+		+	+	
54	ポモ	=	=	=	+	=	+	+	0	0	=	=	0	0	−	+	+	+	+	−	
55	ルワラ	−	−	0	0	=	−	0	+	0	+	−	−	=	+	+	+		+	0	
56	サモアン	+	+	=	=	−	−	+	0	+	0	+	+	0		=	−	=	+	−	+
57	セマン	−	−	−	0	+	+	=	0	−	0	+	−	0		=	−	+			+
58	セマ・ナガ	+	=	0	−	−	−	−	=	+	+	=	+	0	+	=	+	−	+	+	
59	セリ	−	−	0	0	−	=	+	0	0	0	+	−	0	−	−	−		−		+
60	シルック	+	−	0	+	−	−	−	+	+	+	=	+	=	+	−	0		+		
61	タスマニア島民	−	−	0	0	+	+	−	0	0	0	−	0	0		−	0	=	−	0	−
62	トダ	=	=	0	0	0	0	0	+	0	=	=	0		+	+		+	+	0	
63	トロブリアンド諸島民	+	=	0	+	−	−	=	0	+	0	+	=	0		+	=	=	+	=	=
64	トゥアレグ	−	=				−		+	=	=		+	+		+		=	=	−	
65	バイ	+	=	0	0	−	=	=	=	+	+	+	=	+		+	=	+	+	−	−
66	ヴェッダ	−	−	=	0	+	+	=	−	−	−	−	−	0		=	−	=	+	=	+
67	ウイトト	=	=	+	0	−	=	=	0	+	0	−	0	=	−	=	0	+	=	0	+
68	ヤーガン	−	−	=		+	=	+	0	0	0	−	−	0		=	0	−			+
69	ヤクート	−	=	0	0	0	−	−	+	−	−	−		0	+	=	=	+	−	−	=
70	ユーチ	+	=	0	0	−	=	−	0	+	+	=	−	+						=	
71	ユカギール	=	=	0	0	−	+	+	−	0	0	−	−	−	=	=	−		−	0	+

では最も少ないと言われている。生業形態によって、「老人」の自立性が異なるということであろう。

その一方で「老人」に対する冷遇（侮蔑・財産奪取・隔離・放置・遺棄・殺人など）は、実は定住していない採集民や狩猟民、遊牧民にこそ多く、反対に定住的漁撈民および農耕民の間ではあまり報告されていないとされる。つまり、移動する採集・狩猟民、遊牧民ほど、「老人」を冷たく扱い、定住し特定の季節に多量の食料を入手できる漁撈民や農耕民のほうが、「老人」に対して温かく接するということになる。居住形態および生業形態の差が、「老人」に対する態度の差に反映されているのである。さあ、これをもとに少々怖い検討を開始してみよう。

表4は、シモンズの著書（Simmons 1945）に掲載されている七一の民族誌データから抽出された二三四の属性の中から、私が縄文時代の「老人」について考える上で有益と思われるデータを選択し、作成したものだ。表中の記号等の意味はシモンズの記載にしたがって、＋は非常に多くみられる場合や、社会的に特に重要視されている場合を指し示し、=は特に多いわけではないが存在はするという場合や、社会的にはあまり重要視されていない場合を示す。－はないことはないが、ほとんど社会的に重要とは考えられていない場合を、0は存在しないか、観察されなかった場合を示している。また、空欄は参照できるデータが存在しなかった場合を表している。各属性のうち、末尾がｍとなっているものは男性（male）を、ｆとなっているものは女性（female）の

場合を示している。

民族（部族）名称については、シモンズの記載を優先させたが、基本的には弘文堂から刊行されている『文化人類学事典』（石川他編　一九八七）所収の名称と一致させているので、各事例の詳細についてはそちらを参照されたい。また、シモンズのデータには現在では適切ではない名称も使用されているが、それについてはデータの混乱を防ぐために変換はしていない。

シモンズの掲げている属性の中には、たとえば「老人」（aged）や、定住性（permanency of residence）、階級（class）、所有財産・財産権（property・ownership）など、その定義がやや不明瞭ないしは広範な点も存在するが、データが作成された年代、および英語から日本語への変換を考えると、詳細な部分における不一致はやむをえないことだろう。HRAFやシモンズの研究をそのまま直接的に利用することについては、民族誌各々の採取状況などさまざまなコンテクストを考慮する必要があるが、大まかな傾向性を把握するぶんには十分な利用価値がある。

「老人」の扱われ方

これをいくつかの属性ごとに事例数の分析を試みた結果が表5である。シモンズのデータのうち、本来は男性と女性で分離されていたものについては、今回は「老人」というカテゴリーのあり方をみるという目的から、やや強引ではあるが頻度の高いほうに統一してある。

さて、表5をみると、以下のような傾向が存在することを確認できる。

(1)　私有財産は、極端に食料安定性が悪くない限り、普遍的に存在する。しかし、定住性の高い場合や食料安定性がある程度保証されているところでは、その存在割合も高くなる。また、私有財産が保証されているところでは、概して「老人」の社会的力（prestige：威信・power：権力・authority：権威 etc.）も強い傾向があり、社会的な扱いもよくなる傾向がある。

(2)　私有財産のうち、特に土地の私有に関しては、定住性の高い場合や食料安定性がある程度保証されている場合には、その私有を認める割合が高くなる。逆に定住性や食料安定性が低い、不安定な場合には、土地の私有例は少なくなる。また、土地の私有が保証されている場合、概して「老人」の社会的力も強くなり、また社会的な扱いもよくなる傾向がある。

(3)　奴隷制度に関しては、定住性や食料安定性が高い場合には、これを多く確認することができ、反対に定住性や食料安定性の低い場合には、あまり確認できない。奴隷制度が存在するということは、社会内において階級化が進展しているということであり、基本的には年齢階梯制や階級の世襲の結びつく傾向がある。ただし例外も多く、かならずしも相関するもので

階級世襲0	階級世襲−	階級世襲＝	階級世襲＋
1	2	4	15
4	3	1	4
4	3	1	4
3	3	2	11
3	1	4	9
3	4	0	1
5	1	2	10
2	5	3	8
2	0	1	1
0	0	0	0
2	5	3	19
1	2	1	1
3	1	0	0
1	2	1	9
1	1	1	2
0	1	0	0
7	5	5	15
0	1	1	4
5	4	2	13
2	2	0	2
0	0	0	0
6	6	4	19
1	0	2	2
1	1	0	0
3	1	0	7
0	1	2	4
2	0	0	0
0	0	0	1
1	1	2	1
1	3	0	4
5	3	1	5
1	0	0	0
0	0	0	0
6	4	1	4

表5　社会制度と「老人」の力の相関関係

		私有財産＋	私有財産＝	私有財産－	土地私有＋	土地私有＝	土地私有－	土地私有0	奴隷制度＋	奴隷制度＝	奴隷制度－	奴隷制度0	年齢階梯＋	年齢階梯＝	年齢階梯－	年齢階梯0
居住形態	定住性＋	22	3	2	8	5	6	2	9	5	4	6	3	4	1	0
	定住性＝	12	3	1	4	2	4	6	3	3	2	6	3	3	1	2
	定住性－	12	3	5	2	2	5	7	3	1	6	11	2	2	1	1
生業形態	食料安定性＋	19	4	3	7	3	7	5	7	4	4	10	2	4	1	1
	食料安定性＝	21	0	0	6	4	4	3	6	3	4	4	4	4	0	1
	食料安定性－	5	4	5	1	1	2	7	0	2	3	9	2	1	2	1
老人の社会的力	首長の存在＋	20	4	3	5	4	9	6	5	5	3	14	5	7	2	1
	首長の存在＝	16	3	2	7	2	5	4	8	2	4	4	2	1	0	1
	首長の存在－	4	2	1	2	1	0	2	1	0	1	4	1	0	0	1
	首長の存在0	0	0	0	0	1	0	0	0	0	0	0	0	0	0	0
	財産所有権＋	36	2	2	12	7	10	2	11	6	8	9	4	5	2	1
	財産所有権＝	4	3	2	1	1	2	5	2	0	3	5	2	0	1	0
	財産所有権－	0	3	2	1	0	1	3	0	1	0	4	1	1	0	1
	葬送儀礼執行権＋	14	2	2	5	4	3	3	5	3	4	5	4	3	0	1
	葬送儀礼執行権＝	8	2	0	2	1	3	3	1	1	1	5	0	2	1	0
	葬送儀礼執行権－	1	0	0	0	0	1	0	0	0	0	0	0	0	0	0
	呪術執行権＋	33	7	7	10	6	12	11	11	7	10	20	6	7	3	3
	呪術執行権‖	6	1	0	4	1	1	1	4	0	0	1	0	1	0	0
	祭祀主導権＋	21	3	6	7	6	8	5	7	4	7	13	5	6	3	2
	祭祀主導権＝	4	4	2	0	2	1	7	1	2	1	6	1	2	0	0
	祭祀主導権－	1	0	0	0	0	0	1	0	0	0	0	0	0	0	0
社会における老人の扱い	尊敬・畏怖＋	38	6	5	11	8	11	10	12	4	10	18	8	7	2	2
	尊敬・畏怖＝	4	0	2	2	1	3	1	2	2	1	2	0	1	1	0
	尊敬・畏怖－	0	2	0	0	0	0	2	0	1	0	1	0	0	0	0
	特権承認＋	13	3	1	5	2	3	4	3	3	3	7	4	3	1	1
	特権承認＝	7	2	2	2	3	3	3	3	1	0	7	0	4	1	0
	特権承認－	2	0	1	1	0	1	0	0	0	0	3	1	0	0	0
	暴行・殺害＋	3	0	0	0	0	0	1	0	1	1	0	0	0	0	0
	暴行・殺害＝	5	0	2	2	0	4	0	0	1	3	4	2	1	1	0
	暴行・殺害－	6	2	2	2	3	2	3	2	3	3	3	2	2	1	2
	暴行・殺害0	14	2	1	6	3	3	4	5	0	1	11	3	2	1	0
	犠牲＝	0	1	0	1	0	0	0	0	0	0	1	0	0	0	0
	犠牲－	1	0	0	0	0	0	0	0	0	0	1	0	0	0	0
	犠牲0	13	3	3	6	2	5	6	3	2	1	13	4	2	1	2

はなさそうである。

(4) 年齢階梯制に関しては、データ数自体が少ないせいか、定住性の強弱や食料安定性の高低では、有意な差が認められない。しかし、年齢階梯制が存在するところでは、「老人」の社会的力がやや強く、また社会における「老人」の取り扱いも悪くはなさそうである。

(5) 階級（class）に関しては、定住性の高い場合や食料安定性がある程度保証されているところでは、世襲される傾向が強い。また、階級の世襲の強弱は「老人」の社会的力の強弱や、社会における「老人」の取り扱い方の良し悪しと関連性が高そうである。

(6) 「老人」への暴行や殺害など、「老人」をなんらかの犠牲にすることについては、私有財産や土地私有の有無などと関連がありそうである。

これらの大局的な分析からは、過去に多くの研究者が述べてきたように、定住性の高さおよび食料安定性の高さが、いわゆる「社会的複雑性」「社会複合化」と関連しているという傾向性を読み取ることができるだろう（西田　一九八六、テスタール　一九九五、高橋　二〇〇一など）。また、これらの分析結果をみる限り、「老人」がなんらかの形で社会的な力を持ちうるのは、「定住」や「食料供給の高い安定性」によって、社会がある程度の年齢階梯制や階級を有するなど「複雑化」している場合である。そのような社会では、おそらく「老人」が財産あるいは資源として固定化した「場」に優先的にアクセスする権限を有している場合も多いのではなかろうか。

社会における「老人」の取り扱い方もこれに準ずるものであろう。

シモンズの研究は、社会の「老人」に対する態度と生態学的・社会学的要因との間の相関を求めようとするものであったが、先に引用したグラスコックとファインマンの研究は、それをさらに一歩進めて、いわゆる無文字社会における「老人」の指標の有無、およびそれと社会的待遇のあり方との相関について、五七の社会を取り上げて通文化的な考察を行なっている（Glascock and Feinman 1981）。彼らの「『老人』は社会の財産か、それとも社会の重荷か」という挑発的な題名の論文によると、「老人」をなんらかの形で扶養しているものは調査例のうち約三五％存在するが、そのうちの約八四％は何らかの冷遇と結びついているとしている。つまり、「老人」の存在は多くの場合、大なり小なり社会的な負担として理解されていると考えることができよう。これらの研究成果を青柳まちこは、健康な「老人」と老衰した「老人」への対応の違いという捉え方で理解できると述べ、「老人」が尊敬および愛着の対象として社会的財産足りうるのは、健全かつ健康である場合に限られるとしている（青柳　二〇〇四）。縄文時代の「老人」を考える上でも、傾聴に値する見解だろう。

縄文時代に「老人」は存在したのか？

このような文化人類学的知見における傾向性を把握した上で、もう一度縄文時代における老年期段階の埋葬例のあり方を振り返ってみたい。

先も述べたように、縄文時代において高齢者をことさら特別扱いしているような埋葬例はほとんどなかった。また、あった場合でも、それは主に東日本において埋葬形態などの差として、主に男性側にみることのできた場合が多く、特に埋葬施設の規模が大きい、装身具が多いなどといった墓制上のエラボレーション（簡単にいうと、埋葬を行う際にかかるコストの度合い。これには墓を作る時の労力だけではなく、装身具や副葬品の多寡、赤色顔料散布の回数や量などといった死後不可属性、不可視属性も含まれる）の差となって発現することはなかった。このことは、縄文時代において高齢者が特別扱いされていたとする解釈には否定的である。

しかし、その一方で以前から主張されているように、装身具の着装例は壮年期と熟年期の事例が最も多く、また腰飾りなど特定の装身具の着装者には熟年期以降の事例が多いことも判明している。したがって、装身具の着装などの点から見た場合、縄文時代の墓制におけるエラボレーションの度合いが最も高いのは熟年期の事例であるということになる。

先にも述べたように、壮年期や熟年期の人々は、おそらく集団や集落構成員の中核をなしたものと想定される。その意味では、集落内あるいはグループ内において彼らの社会的立場はそれなりに重要だったはずである。そのように考えると、社会的立場が重要であった年齢層にこそ、装身具の着装例が多いと判断することができる。前章で、子供の埋葬例における装身具の着装状況を検討してわかったのは、装身具は幼児期以降に着装されるようになるものの、子供のうちには玉類を首飾りにする、貝輪を着装するなど以外には許されなかったということであった。しかしながら、大人の場合には、耳飾り・腰飾り・足飾りといった装身具を着装する人物も存在する。これらの諸点を勘案してみると、年齢によって着装できる装身具の種類が異なる、ひいては社会的な立場によって装着できる装身具が異なるということがわかるだろう。しかしながら縄文時代においては、墓制上における老年期の人々の扱われ方が、他の年齢段階の人々と比較して、必ずしもよいものではなく、その意味ではいわゆる長老や「老人」といえるような人物はほとんどいない、もしくは抽出不可能であるという見通しが得られた。

では、なぜ抽出できないのであろうか。もちろん、資料の少なさや遺存の悪さを考慮する必要はある。しかし、壮年期および熟年期の人骨出土例と比較しても、特に装身具類の保有状況に有意な差があることは否めない。人骨出土例をみる限り、老年期の埋葬例が、あらゆる意味において熟年期のそれよりも「優位」な状況に立てるとは思われない。

想定できる解釈はいくつか存在する。その一つとしては、縄文時代の社会に、すでに年老いたら社会的に重要なポジションから外れる、それが自主的なものか、あるいは強制的なものかという点はともかくとして、いわゆる「退役」ないしは「隠居」制度が存在していた可能性を挙げることができるだろう。この場合、民俗学研究者が指摘するように、集落、集団などの運営からは身を引くが、宗教的および呪術的な儀礼については深く関わるという「老人」が仮に存在したとしても、それが結果としては墓に反映されなかったことになる。先に紹介したシモンズや青柳らの研究成果によれば、「老人」がなんらかの形で葬送儀礼や呪術の執行権や祭祀の主導権を持つ場合は多いことから、この可能性は否定できない。しかし、宗教的な権威を保持していたのであれば、老年期の埋葬例にこそ、より多く呪術具が副葬されているなどの現象が見られて然るべきだ。縄文時代にそのような事例は見当たらないのであるから、この解釈を積極的に推す理由は現在のところ存在しない。

人骨出土例から想定される、縄文時代の人々のライフヒストリーからみた場合はどうであろうか。これまでに出土している縄文時代人骨のうち、数的に最も多いのは壮年期から熟年期の事例である。したがって、縄文時代の人々の平均的な寿命は、壮年期から熟年期段階として捉えることの出来る年齢層の中に存在するとみて間違いない。一方で、前章でも述べたように、縄文時代の女性の出産開始年齢は、一七歳ぐらいまでには下がることが判明しているので、次世代の再生産は遅くとも壮年期中に、第三世代の再生産は熟年期には達成されていたと想定することができる。だとすると、縄文時代において年長者であり、かつ孫のいる祖父・祖母は熟年期の世代には多数存在したはずであり、いわゆる「老人」は熟年期の人々の中にこそ存在していたと考えることも可能である。だからこそ、熟年期の埋葬例のエラボレーションが高くなるのだろう。縄文時代における「老人」は、熟年期の人物の中にいた。しかし、そのような社会的地位を持った人物も、さらに高齢となり肉体・精神的な衰えが顕著になると「退役」や「隠居」といった形で集落・集団運営の表舞台からは退いた、あるいはそのように想像したくないが、排斥されたというのが、実態ではなかろうか。これについては別の解釈もありえるのだが、これについては後章に回すことにしよう。

「老人」像のかすかな痕跡？

柳田国男《やなぎたくにお》の『遠野物語《とおのものがたり》』一一一には、六〇歳を超えた「老人」たちを蓮台野に追いやる風習があったことが書かれている（柳田　一九一〇）。まさか、縄文時代の話がこれと直接的にリンクするとは考えられないが、一定の年齢に達した高齢者を共同体内から排斥するメカニズムが、日本の伝統社会にもあったことは注意しておきたい。したがって、縄文時代におけるこのような想定も、決して夢物語ではない。

その一方で、高齢者が「老人」とはなりえないという状況があるのであれば、縄文時代の社会複合化・複雑化は、晩期においてさえも、さほどには発達していなかったと考えることもできる。先のシモンズの研究にも見たように、「老人」の力は有形無形の財産および土地の所有形態や食料供給の安定性、居住形態のあり方、年齢階梯や階級の発達など社会構造のあり方といったものと相関を持つ場合が多い。それを参考にするならば、老年期の埋葬例が熟年期のそれと比較してエラボレーションの度合いが必ずしも高くなく、むしろ逆に低いという事実を見た場合、高齢者の力は相対的に低かったと考えることができるだろう。この点を逆に考えるならば、縄文時代の社会は高齢者が「老人」として、先にみたような一定の「力」を持ちうるほどには複合化・複雑化してはいなかったと結論付けられる。このことは一方で、民族誌に照会した場合、土地私有や私有財産などといった「老人」の力の基盤となる思想・概念が、縄文時代においては希薄であったということにもなる。

ここで老年期の埋葬例の取り扱い方に、ほんのわずかではあるが東西差があることには注目しておきたい。かつて、私は主に西日本の中国地方をフィールドとして縄文時代の研究を行ってきたが、当該地方の感覚から見た場合、中部地方以東の東日本における集落のあり方、遺構の重複状況、遺物の出土状況などはやはり異常に思われる。もちろん単純な比較をすることは避けねばならないが、全体的な見通しとして、西日本よりも遺跡数、遺構数、遺物量とも多い東日本の方がより「複雑な社会」を有していたと仮定することは許されるのではないか。今回、「老人」存在の可能性が指摘できた里浜貝塚の事例は、あるいはその傍証の一つとなるかもしれない。たとえは悪いが、ネズミのごとく、考古学資料の場合、一例見つかれば、その背後には少なくとも十数例の確認できなかった事例が存在するとみてよい。今、見えているのはまさに氷山の一角である。今後の研究に委ねるしかないが、いつの日か東日本における「老人」たちはその姿を見せてくれるのではないかと、密かに期待している。

縄文階層化社会と「老人」と子供

縄文社会はどう見られてきたか

階層化社会の指標としての「老人」

前章までにおいて、縄文時代の「老人」と子供について話を進めてきた。実はこの二者は、縄文時代の社会が階層化していたのかどうかという点を議論する上で、鍵となる存在でもある。すでに「老人」の場合については、前章の後半部においてもだいぶ触れておいた。社会の階層化・複雑化が進展しているのであれば、高齢者の埋葬例におけるエラボレーションが高くなるのではないかという視点からみた場合、縄文時代においてはそのような傾向はほとんどなく、高齢者が「老人」として、先にみたような一定の「力」を持ちうるほどには複合化・複雑化してはいなかったと結論付けられる。このことは一方で、土地私有や私有財産などといった「老人」の力の基盤となる思想・概念が、縄文時代においては希薄であったということにもなる。

だが、別の可能性も存在する。前章では触れなかったが、それは「老人」に対して適用された葬法が、通常の埋葬例とはまったく異なっていた場合である。たとえば、「老人」の遺体が火葬されるなどして、どこかに集積されていたといったような場合、おそらくこれを「老人」の埋葬例として認定することは、かなりの困難が伴うと思われる。

実際、火葬というのは非常にコストのかかる葬法である。まずは、燃料の確保が必要だ。私たちが通常行うような焚き火程度の火力では、ヒトの遺体を焼却することはできない。相当の燃料、縄文時代の場合は薪や枯枝などであろうが、それこそ家の二階にまで積み上げる程の量が必要とされる。インドのガンジス川のほとりでは現在でも火葬が執り行われているが、その際に使用される薪の量は半端なものではない。それから、薪を集めたり、積み上げたりといった手間暇もすごくかかる。よほどの準備がないと、完全なる火葬は難しい。これだけコストのかかる葬法だが、「老人」に対してあえて適用したというのは、決してありえない話ではない。新潟県寺地《てらじ》遺跡や京都府伊賀寺遺跡などから検出された火葬骨の集積例などは、ひょっとしたらこのような「老人」が含まれる特殊な埋葬であったのかもしれない（図38）。

さらには、76～77頁で分類した類型3ないしは4クラスの大型の墓地・墓域などでは、岩手県西田遺跡の事例のように、墓域の中心部などの特別な地点に埋葬された人々の存在を物語る場合がある。たとえば、佐々木藤雄は「環状列石と縄文式階層社会」の中で「集落中央広場や環状列

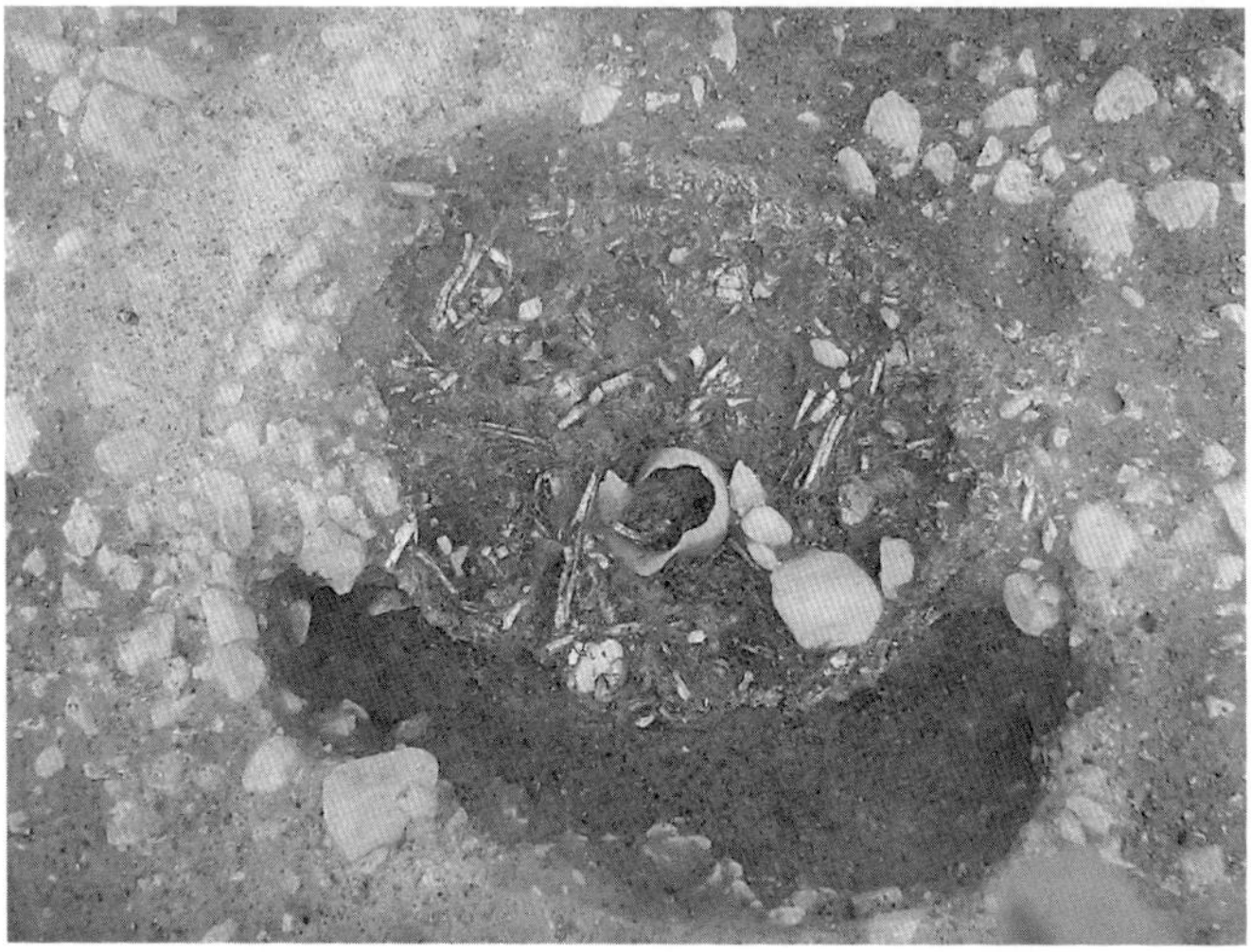

図38　京都府伊賀寺遺跡における焼骨出土状況（公益財団法人京都埋蔵文化財調査研究センター提供）

石に葬られた人と葬られなかった人、その中心部に葬られた人と外側に葬られた人、さらには明瞭な埋葬施設さえ持つことのなかった人それぞれの意味に対する根本的な検討が必要であろう」と重要な指摘を行うとともに、環状列石など特殊な墓地における墓壙の数は、一集落ないし隣接する集落群という枠組みに対しては多すぎるとしても、その上位に想定される「地域内小集団」や「地域共同体」という枠組みに対しては少なすぎるのではないかとも述べ、祖先祭祀の高次化されたステージとしての環状列石は、何よりもそれ自体が不平等な葬送と祭儀の場として存在していた、と主張した（佐々木　二〇〇二）。このような形で選択された人々が「老人」であった可能性も決して否定はできない。もし「老人」がこのような特殊な葬法で埋葬されていたとしたら、これまで縄文階層化社会に対して行ってきたネガティブな解釈も、真逆にひっくり返さなくてはならなくなるだろう。これについては、生前付加属性が検討可能な事例の出現を待って、慎重に検討を進める必要があると思われる。

子供の場合はいかに

こと子供に関していえば、階層化社会の有無について議論する際に、しばしば引き合いに出されるのが、「子供への投資」という論点である。

たとえば、中村大はB・ヘイデンの論を引きながら、「子供への投資」について、次のように述べている。「ヘイデン氏によれば、階層化した社会では子供の誕生から成人まで様々な節目に、祭宴などで富が投資されるという。子供の価値を高め周知させることは、権威継承の準備であるばかりでなく、よりよい結婚相手を得るためでもある。階層化社会では、一般的に上位階層間の婚姻関係が成立しており、上位階層の家族は、より富める相手との親戚関係を求め、さらに豊かになる機会を得る。それが、彼らの地位の向上と維持につながるのである。そしてまた、子供が早死した場合にも、この戦略の一環として豊富な副葬品など財の出資が予測される。つまり死者を盛大にあの世へ送り出すことで、死者の地位の高さを再認識させるとともに、死者と系譜関係にある生者たちの身分の高さを示すのである」（中村　一九九九）。もちろん中村は、葬送儀礼はその文化の信仰や世界観とかかわるとして、すべてがこの見方で説明できるわけではないとも述べている。このような理論から中村は、縄文時代における子供の埋葬と装身具着装例・副葬品の伴出例に注目し、東北地方晩期のいわゆる「亀ヶ岡文化」においては、子供の装身具着装例や副葬品伴出例が多いとして、「子供への投資」が存在したと考え、「亀ヶ岡文化」においては階層化社会が成立していた可能性が高いとした。

では、実態はどうであろうか。本書においても指摘したように、縄文時代の子供の埋葬例においては、多種多様な装身具を着装したり、多量の副葬品を伴出したような事例はほとんど存在しない。装身具の着装例であっても、首飾りとして少量の小玉が使用されている、あるいは貝輪が着装されている程度である。これらは、「子供への投資」の証というよりも、むしろ御守や護符などといった呪術的な用途に用いられた可能性も考えることができ、投資として捉えることができるような質や量ではない。これらの全体論的な傾向をみる限り、縄文時代における「子供への投資」には、やはりネガティブに考えざるをえない。

しかしながら、身分の高いお金持ちの家ほど子供の葬式が立派になるというのは、いかにもありそうな話だ。ましてや、縄文時代は人口数が非常に少なかった時代だ。婚姻などを通じて、人が資源として交換の対象になったことは間違いないだろうし、その際に婚資などの問題も含めて、できるだけ有利な条件で交換しようと考えるのは当然であろう。

人的交換条件を有利にするために、子供に対してさまざまな意味での「投資」が行われたことは想像に難くない。当時の集落、あるいは集団はそのような人の交換を通じて多様なネットワークを構築していたはずだ。このネットワークを通して、多くの物資や情報が行き来したことであろう。そのように考えれば、小規模な「子供への投資」は、何も階層化社会に特有のものだと思わなくてもよいのかもしれない。一方で、縄文階層化社会の指標となりうる「子供への投資」とは、どのような状況があれば、そのように判断できるのであろうか。この点については後述したいと思うが、その前に縄文時代の社会がどのようにイメージされてきたのか、そしてその研究の流れの中から階層化社会論がどのように台頭してきたのか、その現状と研究史について概観しておくことにしよう。

戦前における縄文社会のイメージ

私たちが日本の歴史を語る際に用いる、縄文時代という概念がある程度明確化されたのは、戦後になってからである。戦前の考古学の世界では、今の縄文時代に相当する時代を石器時代と呼んでいた。たとえば、山内清男《やまのうちすがお》は石器時代研究の枠組みを設定した名著『日本遠古の文化』の中で、石器時代を縄文式と弥生式に分け、縄文式の時代の「生活手段は狩猟漁獲、又は植物性食料の採集」であり、弥生式の時代に農業が伝来したと述べている。

では、縄文時代がまだ石器時代と呼ばれていた戦前において、その社会はどのように描かれていたのであろうか。

一九三五年、禰津正志《ねずまさし》は「原始日本の経済と社会」を『歴史学研究』第四巻第四・五号に発表し、石器時代の社会について「人々はすべて同じ様に粗末な身体装飾品を身につけ、墓地も亦共同にして、特殊な棺槨や地上建設物を作らず、すべて平等に葬られた、階級分化の未だ行はれてゐない状態を示してゐる」と述べている。

渡部義通も一九三六年の『日本歴史教程』第一冊「原始日本の社会」の中で、「ここには生産手段の私有は無かった。従って、素より貧者と富者はなく、如何なる階級も特権的身分も未だ現れず、すべての人々は一塊として各自の共同体に生き、また共同体を生かしたのである」と述べている。

また、山内清男は一九三九年の『日本遠古の文化』の中で「墳墓は単なる身体埋葬であって、保護又は記念として壮大な構築を作らなかったし、副葬品も亦殆どない様な状態である」と述べている。

これらの言説をみると、戦前においては、石器時代（縄文時代）の社会には階級分化は存在しないと考えられていたことがわかる。これは、たとえば小金井良精《こがねいよしきよ》や清野謙次をはじめとする人類学者たちが多くの石器時代の墓地を調査し、人骨の埋葬状態を観察していた成果でもあろう（小金井　一九二三、清野　一九二四など）。なお、禰津と渡部の言説は、いわゆる唯物史観からの発言であり、石器時代を食料採集段階として捉え、食料生産が開始されてから社会的な身分階層が生成されるという、一定の見通しを持っていた。ちなみに戦前においてこのような発言が危険視されていたのはいうまでもなく、したがって当時の研究者が石器時代（縄文時代）の社会に関して発言することはほとんどなかった。

戦後の状況

では、戦後ではどうであったか。あるいは何か変わったのか。

後藤守一は、一九五二年に大湯《おおゆ》環状列石の事例を引きながら「縄文式文化時代の後期には、既に相当に緊密化していた大集落が存在して居り、しかも首長と常民の間に階級差のあったことを如実に示すものとすることもできる」（後藤　一九五二）と述べ、縄文時代において階級という言葉を用いて、これが存在したこと肯定的に捉えている。しかしながら後藤は、翌年の一九五三年に刊行された『大湯町環状列石』の中で、「日時計遺跡は特殊な地位の人のものだということになるかもしれない……縄文式文化の後期頃の社会に多少の階級差が生じてきたのか……私にそれを肯定するだけの自信はない」と述べ、翌年には自身の言説を撤回してしまう。「如実に示」したはずのものが、一年後には「自信がない」ということになっている。たった一年で大きな転換であるが、後藤の心境にいったい何があったのであろうか。

岡本勇は一九五六年に発表した「埋葬」の中で、「漆器や硬玉やあるいは石鏃《せきぞく》などを所有していた個人が、あるいは大きな積石をもつ墳墓に葬られた個人が、他のいっそう基本的な生産用具と、多くの労働力を所有しうる権力者であったとは、すなわち支配する「階級」的位置にあったとは考えられない」と述べている（岡本　一九五六）。岡本の言説は、基本的に戦前の禰津や渡部と変わらない。

「貧しい縄文時代」というイメージ

その後一九六一年に、上田正昭《うえだまさあき》は『講座　日本文化史』第一巻において「時代区分と文化の特質」を概説し、縄文時代について以下のように述べている。「自然的分業と単純な協業を中心とする狩漁・採集の生活労働が支配的であった。この時代の生産力がつねに停滞していたのではないし、また変革の諸条件が準備されていなかったのではない。また生産物の私的占取や労働用具の蓄積が皆無であったのでもない。基本的には、この時代は原始的共同体社会であって、人間の居住の場であり、生活手段の提供の場である土地は、共同で占取され、生産は共同労働でなされるのを本体としていた。労働の主体である個々の成員は集団をはなれて生活することができず、生産物の分配や交換も共同組織を媒介としていた。こうした低い生産力の段階では、剰余生産物の蓄積もとぼしく、したがって家屋や園宅地などの土地私有、個別の労働組織や経営もなりたたない。つまり階級分化のおこりうる条件を欠如していたのである」。上田の言説は、基本的には当時の縄文時代に対するイメージがそのまま投影されたものなのであろう。このような捉え方は、その後に春成秀爾によっても「縄文社会は、恒常的に余剰生産物を生みだすことのできない生産力の質を自明のこととすれば、この相互扶助制に支えられて個別集団間で貧しい平等を分かちあっていたといえよう」（春

成　一九七三）と述べられたように、次世代へと継承されていった。この「貧しい縄文時代」というイメージが近年においてもさほど変わっていないことは、歴史教科書の記述を見れば容易に了解できる。たとえば、大手歴史教科書出版社である山川出版社の『詳説日本史　日本史B』において記述される縄文時代は、二〇一三年時点において、およそ以下のような内容となっている。

(1)　今からおよそ一三〇〇〇年前から紀元前四世紀頃のことである。
(2)　現在とほぼ同じ自然環境であった。
(3)　食料採取の経済段階であった。
(4)　縄文土器を使用していた。
(5)　基本的には二〇〜三〇人程度の集団で生活していた。
(6)　遠隔地交易を含め、さまざまな情報の交換を行っていた。
(7)　統率者はいても、身分の上下関係や貧富の差はなかった。

これらの諸点から描くことのできる縄文時代のイメージは、おそらく現在多くの一般の人々が持っているものと同一であろう。

縄文社会と弥生社会、その違い

上田の言説にもみることができるように、近年にいたるまで縄文社会と弥生社会の差異として問われてきたのは、階級の有無であって階層の有無ではなかった。縄文社会の記述に対して階層の語が用いられるようになったのは階級の語と比べて新しく、たとえば都出比呂志《つでひろし》が一九七〇年に発表した「農業共同体と首長権」などが嚆矢になるかと思われる（都出　一九七〇）。この中で、都出は「個人的能力・財産など何らかの具体的基準から、社会的地位の高低を量的に測定しようとするブルジョア社会学の階層論かららいえば、縄文時代からすでに階層差は存在する」と述べている。しかし、都出は縄文時代の遺跡から看取される「相互に区別された人間の差」が「階層差か階級差か」という文脈の中で上記の発言を行っており、縄文時代に階級が存在しないことは肯定していたことになる。

小杉康が指摘したように、弥生時代に農耕が開始され、そこから階級の成立を叙述するスタンスにおいては、縄文時代は階級のない、共同労働が行われる社会として固定化される必要があった（小杉　一九九一）。その意味では、一国史として日本の歴史を記述する際に、縄文時代から弥生時代の変化を、食料採取から食糧生産、平等から身分差の出現、と描いてきた発展段階的歴史観そのものが、一方で自らのうちに「思考の限界」を形成してしまったということができるかもしれない。近年のさまざまな研究成果による縄文・弥生の時代観の揺らぎもふまえた上で、この点については真摯に検討しなくてはならない（山田　二〇〇九）。

縄文社会の理解と民族誌

平等社会の縄文人
—ヨコ方向の議論

一九六〇年代に提唱された「貧しい縄文時代」観が固定化されていく一方で、一九七〇年代になると墓制の検討から社会のあり方（集団構造や親族構造など）に接近を試みる研究がしばしば見られるようになった。このような方向性は大林《おおばやし》太良《たりょう》の研究や、水野正好、金関《かなせき》恕《ひろし》、甲元眞之らの研究と相互に影響を与えあいながら進展してきた（大林　一九七一、水野　一九六八、金関　一九六九、甲元　一九七五）。たとえば、林謙作の「頭位方向」「埋葬区」の検討（林　一九七七・一九七九・一九八〇他）による社会構造論や、春成秀爾の「抜歯型式」の検討に基づく親族構造論（春成　一九七三・一九七九・一九八〇他）などは、その代表的なものである。これらの研究の多くは前述の縄文時代観を踏襲しており、論点となった埋葬位置の相違、頭位方向の相違、抜歯型式の相違、装身具の有無・多寡を社会内における権力的上下関係としては捉えず、基本的には集団内における社会的地位の差や出自などといった、いわばヨコ方向の関係性の中で消化する方向性を持っていた。このような方向性は、後年田中良之によって「出自表示論」と一括して批判されるが（田中　一九九八）、同様の理解をする研究は多く、現在においても縄文社会を論じる上で主たる解釈として存在しているといってもよい。

格差社会の縄文人 ―タテ方向の議論

このように、いわばヨコ方向の社会論が顕著であった一方で、一九七三年（昭和四十八）に佐々木藤雄は、『原始共同体序説』を著し、定住性の強化・テリトリーの狭小化・生産性・分業・土地所有といった諸点を問題としながら、「不均等」をキーワードとした社会的な差異の存在に言及した。この佐々木の主張は、「階層」という語こそは使用していないが、縄文時代の社会内において量的な見地から測定可能な、いわばタテ方向の構造が存在することを主張したものであり、現在から見れば非常に重要な視点を提示していたということができよう。しかしながら、佐々木の議論が重要な視点として広く認識されることは、残念ながら当時なかったようである。

その後、縄文時代におけるタテ方向の構造の存在が本格的に主張されるようになるのは、一九八〇年代の後半期からであった。これは、一九七〇年代以降に貝塚や低地遺跡の調査が進展し、そこから浮かび上がってきた縄文時代の人々の生活が想定されていた以上に豊かなものであったことがわかってきたこと、すなわち縄文人が「豊かな狩猟採集民」として捉えられるようになってきたことと無関係ではない。

一九八七年、塚原正典は著書『配石遺構』の中で縄文時代の社会組織に言及し、配石遺構内における厚葬の存在、分節のあり方、葬法や副葬品における格差から、縄文時代後期以降の社会がある程度階層化した社会であり、リニージ（リネージ）構造を持つもしくは分節化した高度な社会組織を有していたことを示唆した。同様の議論は一九八九年の論文でも行われている（塚原一九八九）。この塚原の言説は、一九八〇年代後半以降に増加する縄文階層化社会論の中では、最も早い時期のものである。

同じ頃、小林達雄は縄文時代の社会を理解するために、北米北西海岸先住民の民族誌を積極的に援用し、晩期の亀ヶ岡文化には奴隷が存在してもおかしくはないと述べ、成人女性と子供の合葬例を、母子合葬例ではなく、貴族の子供と奴隷の合葬例と考えることもできると主張し、縄文社会の固定化されたイメージに対して疑問を投げ掛けた（小林　一九八八、佐原他　二〇〇一など）。同様の見解は、小林達雄からの教示としながら、佐原眞によっても提示される（佐原　一九八五）。これらの言説も、縄文時代に階層が存在すると主張した議論の中では、早い時期のものである。

しかしながら、小林達雄・佐原眞といった影響力の強い二人の研究者の発言は、その後の縄文階層化社会論のイメージに対して払拭しがたい印象を与えることとなった。それはすなわち、身分の高い子供と奴隷の合葬（すなわち奴隷の殉葬）ということになると、多くの場合、意識するしないにかかわらず、古代メソポタミアや古代中国などにみられたような階級社会におけるそれを連想させるからである。このことは多くの研究者に階層と階級を混同させ、それゆえに縄文時代における階層の存在を最初からネガティブに受け止めさせてしまう遠因ともなった。

『縄文式階層化社会』のインパクト

このような初期の言説のうち、おそらくもっともインパクトのあった主張は、一九九〇年に刊行された渡辺仁の『縄文式階層化社会』であろう。渡辺は、「縄文社会の構造基盤は、富者層と貧者層の分離による階層制であった」、「縄文社会は階層社会といえるが、権力社会ではない」、「縄文時代の階層社会は男性の生業分化（クマ・カジキ猟）によって進展した」などと述べ、豊富な民族誌の知識をバックボーンとしながら、北米北西海岸先住民、シベリア、アイヌ等の社会と縄文社会を積極的に比較対照した。その主張の中には、貴族・貧富の差・階層性・権力・威信などといった、これまでの縄文社会の研究では使用されてこなかった語句が多々含まれていたために、縄文時代の研究者にさまざまな形で影響を与えることとなった。それは、早くも翌年には小杉康や山本暉久らの言説のように、渡辺の説を肯定的、あるいは否定的に捉える言説が現れたことからも首肯できるだろう（小杉　一九九一、山本　一九九一など）。

縄文階層化社会論の多様な展開

一方で、青森県三内丸山《さんないまるやま》遺跡をめぐる一連の言説の中から、急進的な意見も台頭する。たとえば小山修三らは、三内丸山遺跡の調査成果を北米北西海岸の民族誌と積極的にすり合わせ、縄文時代において貴族層・庶民層・奴隷に区分される「階層社会」の存在を主張し、この時代すでに「都市」があり、「商人」が存在していたと発言した（小山　一九九六、岡田　二〇〇〇、小山・岡田　二〇〇〇など）。これらの言説は、階層・奴隷・都市・商人といった刺激的な語句を用い、頒布数の大きな書籍を通じて、「歴史を書き換える大発見」として広く一般に喧伝された。このような急進的な言説には、小林達雄をはじめとして現在までに多くの批判が寄せられており（たとえば佐原他　二〇〇一など）、この点も縄文階層化社会論に対して、ネガティブな印象を抱かせる一因があったといえるだろう。

上記のような縄文階層化社会論の動向に対して林謙作は、一九九八年に「縄紋社会は階層社会か」を発表し、「階層社会とは、一つの社会がいくつかのグループに分かれており、社会的価値が不平等に分配される社会のことである」と述べ、近年の階層化社会論は階層と階級を混同しているものがあると注意を喚起した（林　一九九八）。その上で、「指導者にとって縄紋のムラの規模は身分を固定するには小さすぎる」、「指導者が貴族になりえなかったのは、彼らがムラの代表者で、ムラの内、ムラとムラの間の秩序が互酬性の原則を前提として保たれていたからである」と述べて、縄文時代における階層化社会の存在を否定的に捉えている。

中村大は、かねてより秋田県柏子所《かしこどころ》貝塚における子供の埋葬例のあり方などから、亀ヶ岡文化における階層性の存在を主張していたが（中村　一九九三など）、その論旨を「墓制から読む縄文社会の階層化」の中でまとめている（中村　一九九九）。中村は「特定の地位や集団に属する人々が、他人とは異なる装身具や副葬品を保有するならば、その社会は不平等社会である」と述べ、「縄文社会は不平等社会としたうえで、その社会的不平等が固定化され、個人の地位が世襲的な制度となった段階」を階層化社会と定義した。そして「亀ヶ岡文化圏での子供の副葬品の保有率の高さは『子供への投資』の一環であり、階層化社会の世襲的な側面を示す現象だと解釈することができる」とし、縄文時代晩期には階層化社会が成立していたことを主張した。中村の研究は、子供への投資の有無（子供の厚葬）が階層化社会を考える上で鍵となることを示したという点において重要である。

二〇〇二年に佐々木藤雄は「環状列石と縄文式階層社会」を発表し、「集落中央広場や環状列石に葬られた人と葬られなかった人、その中心部に葬られた人と外側に葬られた人、さらには明瞭な埋葬施設さえ持つことのなかった人それぞれの意味に対する根本的な検討が必要であろう」と重要な指摘を行うとともに、環状列石など特殊な墓地における墓壙の数は、一集落ないし隣接する集落群という枠組みに対しては多すぎるとしても、その上位に想定される「地域内小集団」や「地域共同体」という枠組みに対しては少なすぎるのではないかとも述べ、祖先祭祀の高次化されたステージとしての環状列石は、何よりもそれ自体が不平等な葬送と祭儀の場として存在していた、と主張した（佐々木 二〇〇二）。また佐々木は、環状列石をはじめとする大規模記念物や墓地、祭祀施設、あるいは奢多品といった特殊な遺構・遺物のあり方のみに関心を向けるのではなく、経済的・社会的な諸条件を含めた総合的・複合的な視点の必要性を説いている（佐々木 二〇〇二・二〇〇五）。

谷口康浩も二〇〇五年に『環状集落と縄文社会構造』を発表し、その中で環状集落の成立という動きの中に、分節的部族社会の成立と出自集団の発達を、環状集落の解体という動きの中に、首長制社会を特徴付ける特殊化・階層化の要素の増幅、社会構造の変化を捉え、階層の定義や考古学的な証拠の見方だけではなく、階層化を必然的に発生させ助長してゆく要因、特に経済的な要因に関する考察が重要であると指摘する。佐々木・谷口の述べる総合的な視点の必要性は、私にも十分理解できるものであり、この点については改めて同意しておきたい。

高橋龍三郎は二〇〇一年に「総論：村落と社会の考古学」、二〇〇二年に「縄文後晩期社会の複合化と階層化過程をどう捉えるか―居住構造と墓制よりみた千葉県遺跡例の分析―」、二〇〇三年に「縄文後期社会の特質」を発表し、縄文時代における「階層化社会への傾斜」を強く主張した（高橋 二〇〇一・二〇〇二・二〇〇三）。そして二〇〇四年の「縄文社会の階層化過程」の中では、社会階層化過程の兆候として、後述するような一〇項目の指標を提示している（高橋二〇〇四)。しかし、その一方で「縄文時代に(フリードの定義のような)階層社会が存在したかどうかについては、私は疑問を持っている。むしろその過程にある社会とみなしたほうが適切であろう。その意味で私はB・ヘイデンの提唱するトランスエガリタリアン社会(階層化過程にある社会)に近似した社会であろうと考える」と述べるとともに、縄文時代が位階社会に含まれるとも述べている。高橋の一連の言説には「階層社会」という言葉が非常に多く用いられており、一見高橋自身が縄文階層化社会論を強く主張している観があるが、実際には高橋自身は縄文時代に階層社会があったとは明言していない。このあたり、いわゆる縄文階層化社会論者の間でも、想定している内容と程度には違いがあることを見て取れる。

北米北西海岸先住民文化との比較

さて、研究史にもみることができるように、縄文社会について考える場合、北米大陸北西海岸部における先住民、いわゆるアメリカ・インディアンの文化に関する考古学的知見や文字記録を、なんらかの形で援用する研究者は多い(佐々木　一九九一、中村　一九九九、高橋　二〇〇四など)。では、階層化社会である北西海岸先住民の考古学的様相はどのようなものなのであろうか。少しだけ垣間見てみよう。

K・エイムスらの研究によると、北西海岸の先史時代はパレオインディアン期(紀元前一〇五〇〇年以前)、アルカイック期(紀元前一〇五〇〇年から紀元前四四〇〇年頃)、パシフィック期(紀元前四四〇〇年から西暦一七七五年)の大きく三時期に区分されている(Ames and Maschner 1999)。

また、パシフィック期は前期（紀元前四四〇〇年から紀元前一八〇〇年頃）、中期（紀元前一八〇〇年頃から紀元後二〇〇年ないし五〇〇年頃まで）、後期（紀元後二〇〇年ないし五〇〇年から西暦一七七五年まで）の三時期に分けられている。パシフィック期の次にはモダン期と呼ばれる時期が続き、少なくとも「ヨーロッパ人」が一五世紀にアメリカ大陸に「到達」して以降の北西海岸先住民の社会と文化については、かなりの数の文字記録が残っている。

エイムスらによれば、パシフィック期の後期とモダン期における文化的連続性はまず間違いないとされている。加えて、一九世紀のハイダ族やツィムシャン族のシャーマンの埋葬例などはいわゆる箱棺葬（Box Burial）形態をとり、先史時代の墓制と共通する部分があると考えられること、先住民の口承記録と中期パシフィック期の遺跡のあり方の間にかなりの一致点が存在すること、先史時代の出土遺物とモダン期における物質文化が近似することなどから、モダン期における考古学的知見や文字記録、口承記録に残された文化習俗はかなり古くまで遡りうると推定されている。したがって、北西海岸先住民の社会および文化は、先史時代からモダン期にいたるまで歴史的にいくつかの画期は存在するものの、おおむね同一の系譜上にあると考えることができるので、北米の考古学研究者は過去の社会を復元するにあたり、記録された文化習俗がどこまで遡りうるのかという視点で研究を進めることが可能なのである。先史社会に関しても、モダン期にはすでに奴隷および階層化社会が存在していたことが判明しているので、それがいつ発生し、どのように展開してきたのかという観点から議論が進められている。北西海岸の先史社会に関しては、ある意味「正解」がすでに存在しているのであって、かの地で議論の中心となっているのは、その「正解」を導くための「解法」なのである。

北米北西海岸の墓制

ここで、北西海岸の先史墓制、特に「子供への投資」を確認できる中期パシフィック期（紀元前一八〇〇年から紀元二〇〇〜五〇〇年頃までの期間）の墓制を概観してみることにしよう。

この時期になると、集落内にある貝塚に墓域をつくることが一般的となる。エイムスらによれば、この段階は「序列化」の進展が著しく、また「奴隷制」も出現する時期である。前期パシフィック期からみられるようになったラブレット（唇飾り）の着装は、この段階の後半には北部を中心に発達し、主に男性が着装するようになる。南部ではこれに代わって頭蓋変形の習俗が発達していく。頭蓋変形は、副葬品のあり方やモダン期における文字記録などから、ラブレットの着装とともに社会的地位の高さを指し示すものと理解されている。

この段階の埋葬例としては、プリンスルパート湾の遺跡群と、ジョージア湾の遺跡群の資料が重要である。エイムスらによれば、プリンスルパート湾の遺跡群では、大人の埋葬例のうち約三分の一に副葬品が伴出するとされている。また、副葬品は男性に伴う場合が多く、男性と女性の間には社会的な「序列」が存在したとも考えられている。

表6　北米北西海岸における墓制上のカテゴリー

カテゴリー	カテゴリーの内容	対象となった人々
4	貝塚内の墓域に埋葬され，副葬品もあるが，貴重品が含まれる	ほとんどが男性．若年層から老年までが含まれる
3	貝塚内の墓域に埋葬され，副葬品もあるが，日常品に限られる	男女比はほぼ同じ
2	貝塚内の墓域には埋葬されたが，副葬品がない	子供から老年まですべての年齢層の男女
1	貝塚内の墓域に埋葬されなかった	最も多くの人々．奴隷や社会的地位の低い人々を含む

エイムスらは、この段階の埋葬例を、副葬品の有無および内容と埋葬地点などから、大きく四つのカテゴリーに区分している（表6を参照）。数的に最も大きなカテゴリーは、貝塚内の墓域に埋葬されなかった人々である。これらの人々はカテゴリー1に分類される。住居の数や床面積、文字記録などから想定される当時の一集落あたりの人口数と、貝塚内における埋葬例の数の差からみて、このカテゴリーに属した人々はかなり数にのぼったと想定され、その中には奴隷や、社会的地位の低い人々が含まれていたと解釈されている。カテゴリー2は、貝塚内には埋葬されているものの、なんら副葬品を伴わないものである。このカテゴリーを構成する人々には、子供から老年まで全ての年齢層の男女が含まれるとされる。カテゴリー3とカテゴリー4は、副葬品を伴うと同時に葬送儀礼上特別な扱いを受けている事例である。副葬品には管状ないし板状の銅製品・貝製腕飾り・貝製小玉・貝製頸甲・コハク製小玉・ラブレット・骨製短剣などがあり、他にイヌが

合葬された例もある。ただし、イヌは食料としての副葬品であった可能性もある。また、これらの他に骨製の錐《きり》やピンなども副葬されていた。カテゴリー3に伴出した副葬品の多くは骨角製の日常品であるが、カテゴリー4の人々には、銅製品やラブレット・コハク製小玉など、入手時における労力的コストや製作時の技術的なコストのかかるもの（exotic and expensive materials）が副葬されており、明確に区別できる。

各遺跡から出土した人骨の男女比率は、特に北西海岸北部において、男性のほうが多い傾向がある。たとえば、大人の埋葬例の性別構成比は男：女で二対一であり、副葬品を持つ事例だけを取り上げるとその男女比は約三対一となる。また、ラブレット着装者の性別比率では男女比が約六対一となり、先のカテゴリー4に分類される人々では、四捨五入して約九対一となる。その一方カテゴリー3に含まれる人々では、比率が一対〇・七となり、男女のバランスがとれている。これをみると、カテゴリー4のあり方がいかに不自然であるかがわかるだろう。また、カテゴリー4に含まれる男性のうち、最も若年の事例は一二歳から一六歳頃の思春期のものである。このような事例に対しエイムスらは、技能や功績、能力などによって高い地位を勝ち得た者にしては少々若すぎると述べるとともに、カテゴリー4にはこのような若年から老年までの各年齢層が含まれていることからみて、その社会的地位は世襲されたもの（ascribed status）であると考えている。カテゴリー4に含まれる子供は、他の子供の埋葬例とは副葬品の質において大きな差が存在する。このような場合は、「子供への投資」があったとみてよいだろう。北米北西海岸における様相は、これである程度理解できた。なお、北米北西海岸の先住民文化と縄文時代の比較について興味のある方は、拙稿「北米北西海岸における先史時代の墓制」（山田　二〇〇五）を参照していただきたい。

縄文階層化社会論の立論基盤

では、改めて縄文時代における階層化社会論について検討を加えてみよう。前節において、階層化社会論の研究史を簡単に概観してきた。これらの論の中には、「階層」がどのような内容を指し示すものであるのか、なかなかイメージをつかみにくいものもあるが、その一方で高橋龍三郎・中村大らの研究により階層化社会における具体的な指標が示されたことによって、より直接的な考古学的検討が可能となってきている。以下ではこれらの考古学的な指標について考えてみよう。

まず、階層化社会の存在を肯定的に捉える研究者たちは、どのような具体的証拠をもって、これを主張しているのであろうか

たとえば、塚田正典の説では、特定の人物に対する厚葬が見られること、同時期の近接した遺跡間で配石の形態や葬法に大きな差があること、同遺跡の中でも葬法や副葬品に明らかな差がみられるといった点が、階層化社会の存在を示す論拠とされる（塚田　一九八九）。

また、中村大の説では、「子供への投資（厚葬）」が存在するかどうかということがポイントと

なる（中村　一九九九）。

佐々木藤雄の主張はより総合的な視点を含むので一括・単純化して議論することが憚《はばか》られるが、あえて墓制に関して具体的なポイントを抽出するとすれば、環状列石という特殊な墓地に埋葬された人の数が問題とされているということになるだろうか（佐々木　二〇〇二）。

佐々木らが主張する縄文階層化社会論は、経済的位相や集落のあり方などの状況的証拠を提示しながら階層性の存在について議論されることが多く（佐々木　二〇〇二・二〇〇五など）、先にも述べたように、その方向性は正しいと思われる。しかしながらその一方で、墓制面からの直接的な論拠を求めてみると、意外に概括的な場合も多いことも、また事実であろう。その点において、弥生時代の墓地における、たとえば福岡県須玖岡本《すくおかもと》遺跡における「奴国王墓《なこく》」のように、埋葬属性から直接的かつ具体的に「身分の高い人物」の墓が抽出できることと比較して、いささか説得力に欠ける観を抱いてしまうのは、ある意味やむをえないのかもしれない。

縄文階層化社会の指標の再検討

さて、先にも述べたように高橋龍三郎は、階層化社会の指標として以下の点を挙げている（高橋　二〇〇四）。①実用を超えた規模の製品や豪華な装飾を持つ器物の出現、②戦争の証拠、③ポトラッチを含む贈与交換の痕跡、④祭祀・儀礼の催行、⑤祖霊祭祀の事例、⑥大型施設の有無、⑦親族組織の分節化、⑧威信財的な位階表示装置の有無、⑨子供の厚葬（子供への投資）、⑩墓における特殊な施設、副葬品または佩用《はいよう》品の格差。

高橋の示した指標は、北米北西海岸などの諸民族に見られる事象を、基本的に縄文時代に適用できるようにアレンジされたものであるので、当然ながらこれらの指標は縄文時代における考古学的資料中に見いだすことができる。これが階層化社会の指標として本当に機能するのかどうかさらなる検討が必要であろうが、とりあえず検討すべき内容は提示されている。これらの指標のうち、いくつかについては私も検討を行ったことがあるが（山田　二〇〇八）、ここでは、その中から直接的な証拠から論じることが可能だと思われる②の戦争の証拠と、⑨の子供への投資についで触れておくことにしよう。また、先に述べたように、社会的な複雑化が進んだところでは、「老人」が厚遇される傾向があるので、この点も射程に入れておきたい。

まずは、②の戦争の証拠である。戦争をどのように定義するのかという問題は非常に難しいが、少なくとも大規模な闘争ということであれば、縄文時代の出土人骨のうち、戦闘行為などによって負傷した痕跡を持つ事例がどれくらい存在するのかということで、大体のところが推察できるであろう。鈴木隆雄は、縄文人骨のなかに闘争行為によって負傷したと思われる人骨をいくつか提示し、縄文時代に集団的戦闘行為がなかったとする説に対して疑問を投げ掛けている（鈴木　一九九九）。しかしながら、私が実見した縄文人骨全体を見回した場合、闘争による負傷が原因と思われる受傷人骨の数はさほど多くはない（山田　二〇〇二）。見落としも多々あるかとは思うが、今後劇的に増加するということもおそらくないだろう。もちろん、縄文人とて争いがなかったわけではないから、鈴木隆雄が指摘したように、暴力による受傷人骨が存在するのは当然である。しかし、弥生時代のように集団による戦闘行為が行われたと理解するには、まだまだ事例数が少ないようにも思われる。

⑨の「子供への投資（子供の厚葬）」については、確実な事例はほとんどない。北米北西海岸のように、質が異なるような副葬品を持つものもいない。また、小林達雄らが、高い身分の子供と奴隷の合葬例との指摘をしている大人と子供の合葬例の検討も行ったが、そのように積極的に理解できる確実な事例も存在しない（山田　一九九六）。

なお、私が考える「子供への投資（厚葬）」の指標としては、以下の点を想定している。①必要以上の規模の土壙に埋葬されている。②精製系の土製耳飾り・朱塗櫛笄・鹿角製腰飾りなど、通常大人が佩用する装身具を持つ。③一種類・少量ではなく、多種・多量の装身具・副葬品が伴う。④その遺跡において直接的には入手困難と思われる材料を用いた装身具や副葬品を多く有している。⑤特殊な埋葬施設に埋葬されている。⑥墓域内において特殊な地点に埋葬されている。これらの事象が重複してみられた場合、特に埋葬地点、埋葬施設、装身具・副葬品の三点にまたがる形で考古学的な属性が確認できた場合は、子供の厚葬とみてもよいだろう。

このような指標に照らし合わせた場合、可能性があるのが長野県宮崎遺跡から出土した幼児期の埋葬例である。この子供は石棺墓（7号石棺墓）の中に埋葬されており、この石棺墓自身が組み込まれたSX6という配石遺構内に存在する（図39）。このSX6の中央部には複数の人骨が集積されており、その意味では非常に特殊な遺構であったということができる。先の指標に照らした場合、⑤・⑥を満たしているが、果たしてこの事例を「子供への投資（厚葬）」の事例と理解してよいものか、逡巡する。階層性というよりも、むしろ、呪術的な権威と結びついた子供の埋葬例として捉えたほうがよいのではなかろうか。したがって、私がみる限り、これらの指標を具体的に観察できる説得力のある資料は、今のところ存在しないということになる。

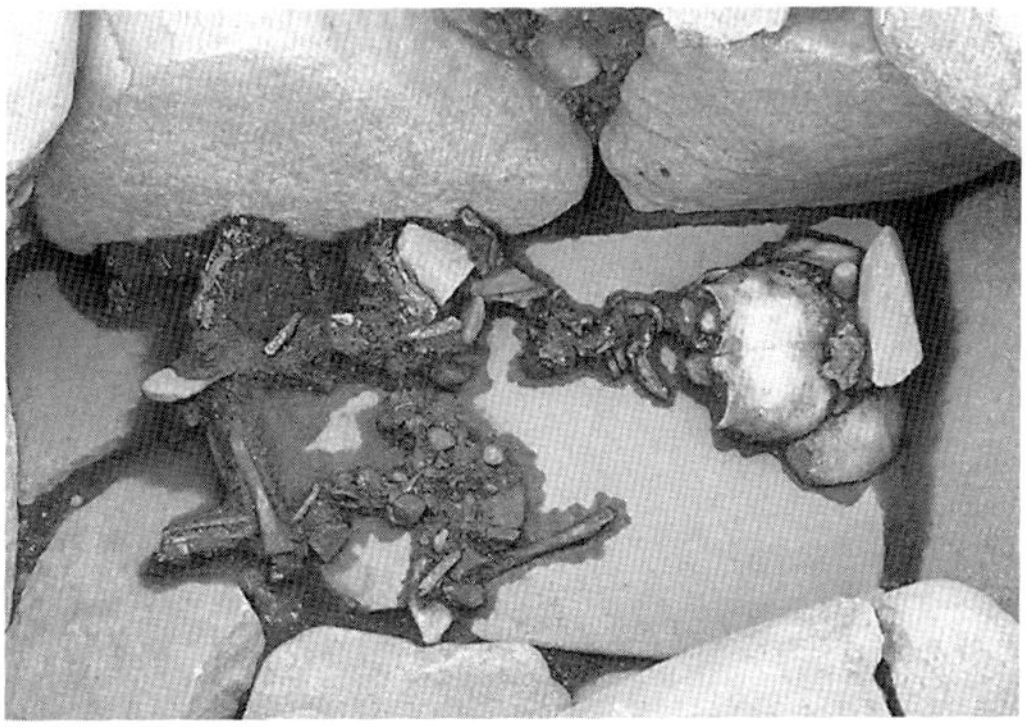

図39　長野県宮崎遺跡における石棺墓に埋葬された子供（立命館大学文学部 考古学・文化遺産専攻提供）

墓にみることができる具体的差異とその解釈

ここで、階層性の問題について語る前に、これまでの研究によって明らかにされてきた墓制（葬法）上の差異が、どのように解釈されてきたのかという点について、振り返っておきたい。

従来、考古学的属性上に観察される差異の解釈は、主に人骨出土例との比較・対照によって行われてきた。たとえば、埋葬地点の差異（岩手県大洞貝塚・宮城県里浜貝塚・千葉県菊間手永貝塚など）や埋葬姿勢の差（千葉県西広《さいひろ》貝塚など）、頭位方向の差（静岡県蜆塚《しじみづか》貝塚など）、装身具の保有状況といったものは、男女という性別原理と相関するということが、林謙作や春成秀爾らによって指摘されている（林　一九七七・一九八〇他、春成　一九七三・一九七九・一九八〇他）。

また、埋葬人骨の性別だけでなく、埋葬人骨の年齢段階によっても墓制（葬法）上の差異が存在することが明らかとされている（林　一九七七、山田　一九九七・二〇〇三など）。

抜歯などの身体変工と墓制（葬法）上の関係性については、春成秀爾の研究成果によるところが大きく（春成　一九七三・一九七九・一九八〇など）、愛知県稲荷山貝塚では、抜歯型式によって埋葬地点が異なることが明らかにされているし、抜歯型式によって装身具の保有状況が異なることも春成秀爾によって指摘されている（春成　一九八〇）。

このほかに、古病理学的所見と葬法の差や装身具のあり方がリンクするという研究も発表されている（山田　二〇〇四など）。

これらの研究を概観してみると、墓制（葬法）上における埋葬属性は、性別・年齢・身体変工のあり方などによって異なる場合があるということがすでに指摘されており、そこからさらに解釈が行われ、親族構造の問題等の議論が進められているということがわかる。この点は、本書で述べた通りである。

縄文社会は階層化していたのか？

再び、階層とはなにか？

ここで、再び階層とは何かという問題に立ち戻りたい。

林謙作は、「階層社会というのは、一つの社会がいくつかのグループに分かれており、財貨・名誉など、有形・無形の社会的財産の分け前がグループによって違う、つまり社会的な価値が不平等に分配される社会のことである。一方、階級社会とは、社会的な価値を生産するためのハードウェア（土地・原料・設備）やソフトウェア（資本・技術・イデオロギー）を管理・所有する立場の人々と、その人々にサーヴィスあるいは労働力を提供する人々とに社会が分裂し、そのあいだに支配するもの・されるものの関係が成立している社会のことである。階層は、社会的価値の分配のプロセスを説明する概念で、階級はその分配と同時に、社会的価値の生産のプロセスをも説明する概念である」（林　一九九八）と述べる。

佐々木藤雄は「『階層差』とは何かと問われるならば、本稿ではそれを分業、すなわち個別的生産諸力の発達と剰余の一定の蓄積を基盤とした社会的・経済的な不平等・不均衡にもとづく威信的な序列であると定義しておきたい。ただし、この威信的序列による上下・優劣・貴賤という区分はあくまでも量的・漸位的な差であり、生産と所有との分裂、すなわち社会的分業の歴史的な成立にもとづく、支配と被支配、搾取と被搾取などの強制関係をともなう「階級差」とは本質的に区別される」と述べる（佐々木　二〇〇二）。

高橋龍三郎は「階層化社会とは元来フリードの用語で、位階社会の果てに登場する社会的進化段階で、富の集積と出生による財産や地位の継承が制度的に確立した社会のことである。個人的な位階や身分の上下関係なら、既に位階社会に存在する。したがって、地位や位階の上下関係が認められるだけでは階層化社会とはいえない。階層化社会はそのような社会的地位と身分が、明確な制度化によってカテゴライズ化され、規定により人々をグループ分けする社会である」（高橋　二〇〇四）と述べる。

墓に見えている具体的な差異が、これらのような階層の定義と対応するのかどうか、この点こそ多くの研究者が袂を分かつポイントであろう。谷口康浩が述べるように、親族構造の問題などと絡めて考えると、このような見解の差に基づく各研究者間における社会像の隔たりは非常に大きいと言わざるをえない（谷口　二〇〇八）。私自身は、階層という概念の定義としては林や佐々木の説に同調したいと思うが、縄文時代の埋葬例全体を見渡した時、この差がどのような形で表現されうるのか、そしてそれを私たちが確認しうるのか、さらなる検討が必要な問題だと考える。

学術的検討に耐えうる縄文階層化社会論の語り口には、経済的位相や集落構造の検討などいくつもの視点からの状況的証拠を揃えながら議論を積み上げていく、いわば焦点集中型の方向性と、墓制なら墓制で、個別墓のあり方から細かな検討を積み上げていこうとする、いわば個別実証的な議論の方向性の二つの方向性が存在する。これら各々の方向性は、単純に研究者個々の縄文時代観に還元されたり、対置的・対立的に捉えられるべきものではなく、縄文社会を分析・解釈するための方法論的両輪として必要なものである。したがって、今後の議論の方向性としては、縄文階層化社会論の理論的枠組みを念頭に置いた上で、個別具体的な事例の分析の中から、より蓋然性の高い解釈を引き出していくことが重要となるだろう。また、縄文時代における階層性を論じる際には、単純に肯定／否定、ある／なしとするような議論はなされるべきではなく、さまざまな可能性を考慮しつつ議論を進めなければならないことはいうまでもない。

縄文社会を考える上での個別具体的な分析方法

今や、縄文社会がその当初から終末まで、なんの変化もない等質的な社会であったと考える研究者は、まずいない。時間を追うごとに社会的な複雑化が進行してはいったが、時期・地域によってそのあり方が異なったとする概括的な考え方は、むしろ肯定的に捉えられるのではないか。

一方、現在の墓制論の研究成果によれば、「埋葬小群」（「埋葬区」「分節構造」など）が、いったいどのような人間集団を表示するものなのか、という部分でさえ確実な結論が出ているわけではない。その意味で、社会構造のあり方を議論することは大切だが、まず墓制の基礎研究を充実させるべきだと主張したい。

ではその上で、縄文階層化社会についてどのように考えるべきであろうか。私は以前、北海道の後期の一部の地域には、階層性の存在を肯定的に捉えてもよいのではないかと考えたことがあった（山田　二〇〇八a）。その理由としては、貯蔵穴数の減少や独自の海獣狩猟形態の成立、本州各地と噴火湾沿岸の縄文人の間にみられる食性分析の結果の差異、本州と北海道縄文人の間にみられる齲《う》歯《し》率《りつ》（虫歯になった歯の割合）の差といった研究成果から推察される生業形態の独自性、それと連動するであろう社会構造を反映したと考え得る、エラボレーションの高い特徴的な墓制の存在を考慮したからであった。しかし、それらは成層化した社会が残したものなのであろうか。ここで若干の再検討をしておきたい。

考古学的な手法を用いて社会の成層化プロセスを描いたモデルとしては、弥生時代における高倉洋彰の研究が有名である（高倉　一九七三）。高倉が行った個々の事例の解釈などについては、現在では時期比定の相違など問題点も指摘されている。しかしながら、社会が成層化していく過程を描いたモデルとしてはシンプルで理解しやすい。これを縄文時代的にアレンジして簡単に書き出すと、以下のようになる。

第Ⅰ段階：単一の埋葬小群で構成される、あるいは埋葬小群が複数存在しても、装身具・副葬品が無い、もしくは些少である等質的な墓地・墓域の段階。

第Ⅱ段階：埋葬小群が複数存在し、共同墓地的様相をもちつつも、特定の個別墓に稀少性や付加価値性の高いものが集中する段階。特定個人が発現する。

第Ⅲ段階：埋葬小群が複数存在し、特定の埋葬小群に埋葬施設に対するエラボレーション（労働力の投下度合い）の高いもの、稀少性や付加価値性の高いものが集中する段階。装身具・副葬品の保有状況にも大きな差異が存在し、特定の集団が浮上する。

第Ⅳ段階：先の状況を踏まえて、墓域内から特定の埋葬小群が外に出る、あるいは特定埋葬小群から特定個人達が飛び出す段階。特定集団が突出し、エリート層が析出する。

この発展段階的モデルでは、埋葬施設以外にも特に埋葬位置という可視属性と装身具・副葬品の多寡という不可視属性の差異が念頭に置かれている。このモデルをそのまま縄文時代の事例に対して全面的に敷衍することはできないが、たとえば第Ⅲ段階以上に相当するような状況、すなわち墓地・墓域内に埋葬小群が複数存在し、埋葬小群間という位置的差異に加え、埋葬形態や埋葬施設の差、および装身具・副葬品の質・量的差といった埋葬属性上の大きな差異が確認されるような場合には、先に記した既知の差異を踏まえて、タテ方向の議論を射程に入れてもよいのではなかろうか。このモデルを借用するならば、たとえば北海道カリンバ遺跡の事例などは、階層性の存在を指し示す事例として比較的理解しやすいかもしれない。

カリンバ遺跡における埋葬属性のあり方

図40は、カリンバ遺跡の後期末〜晩期初頭の墓から出土した装身具・副葬品（ただし一部のみを提示）とそれを出土した墓の位置である。また、図41は報告者である上屋真一が区分した埋葬小群のあり方である（上屋編　二〇〇三）。これをみると、埋葬施設（土壙）の規模が大きく、装身具・副葬品を多数有する土坑墓がDの埋葬小群に含まれ、地点的に偏在することがわかる。これらの土坑墓は、装身具の出土状況などから合葬例であった可能性が高いが、その他のほとんどの土坑墓が単独葬例とみてよい規模であることを勘案するならば、その状況はなお特殊であると言わざるをえないだろう。このように特定の埋葬小群に、他とは異なった埋葬形態を示し、多種・多様かつ多量の装身具・副葬品を持つ人々が集中するという状況をどのように理解すればよいのであろうか。

縄文社会における差異の解釈

カリンバ遺跡でみられた墓制上の差異は、特定の人々がそう葬られるべき社会的立場にカテゴライズされていたことを示すのであろう。そのように区分された人々は、「墓制（葬法）上のエラボレーションが高い」という社会的価値を、「不平等」に分配された人々と捉えることができるかもしれない。特定の人々が集団内から分離し、その状況を墓制という繰り返しのパターンとして捉えることができるのだから、当

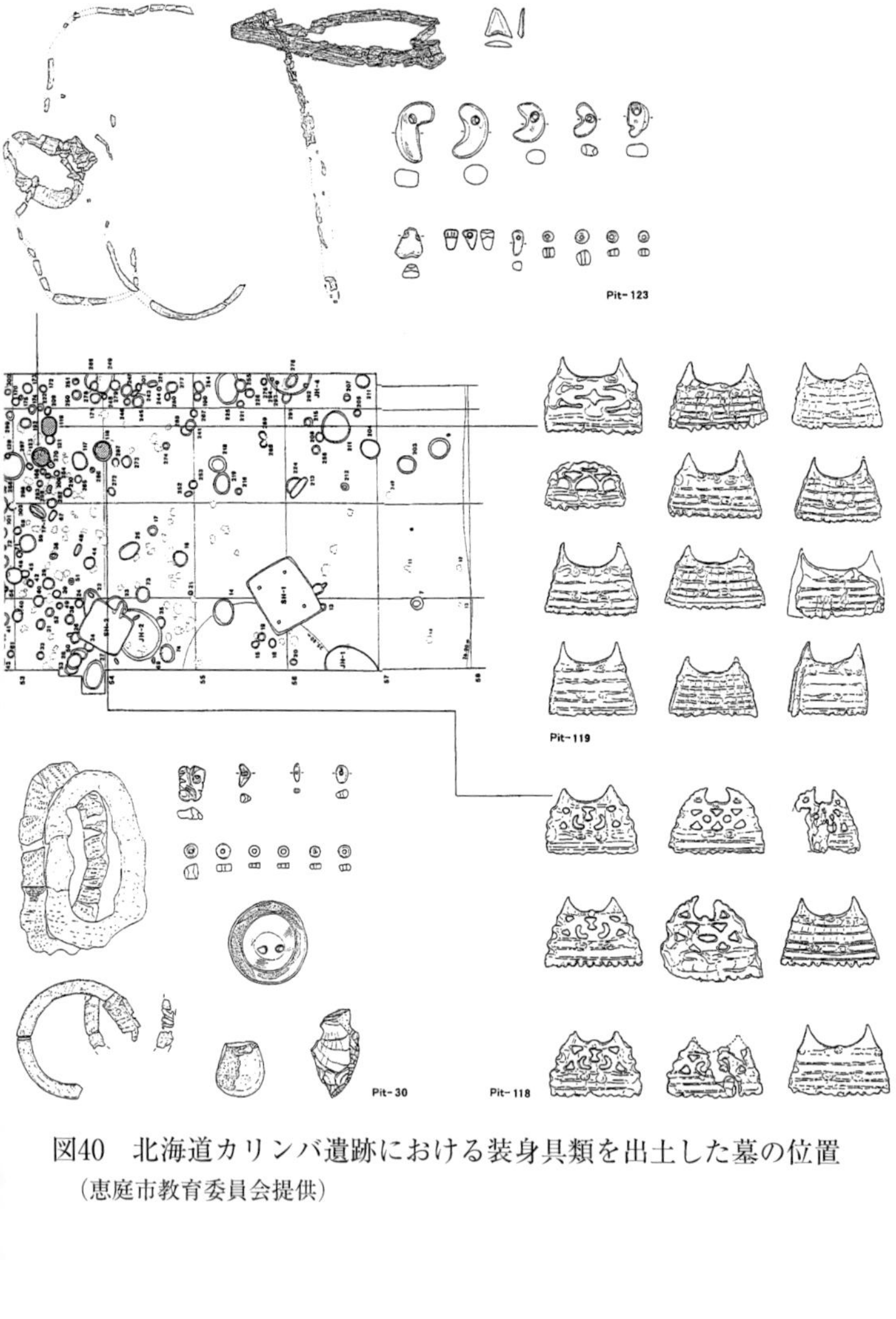

図40　北海道カリンバ遺跡における装身具類を出土した墓の位置
（恵庭市教育委員会提供）

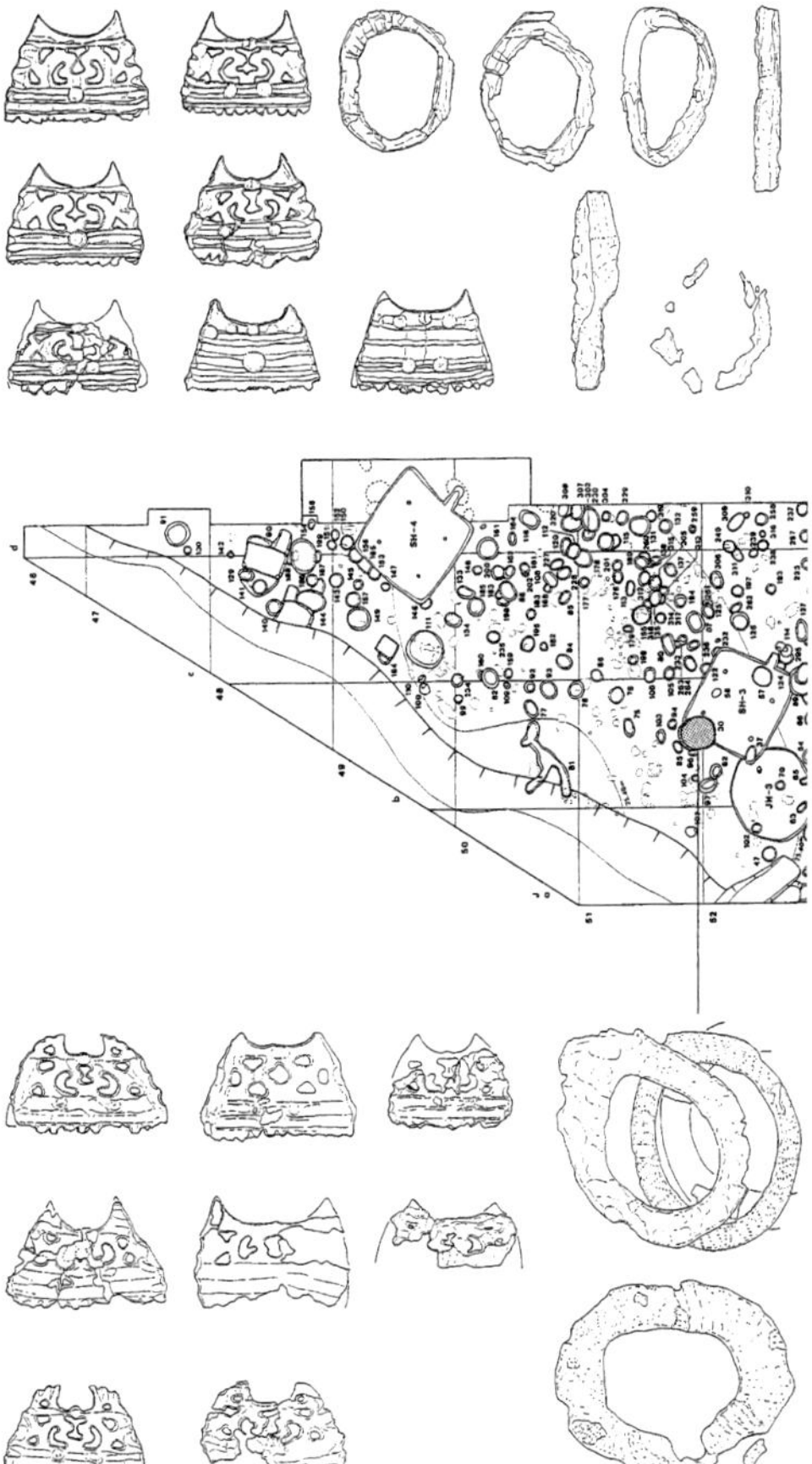

時の社会には、特定集団をそのように分離する制度が存在したと考えることができる。社会的価値が不平等に分配され、それが制度化されていたという点からみた場合、先の定義に従うならば、そこにはなんらかの成層化が存在した可能性を想定せざるをえない。ただし、松木武彦が述べるように、その成層化が常に集団内に常態として存在していた（ヒエラルヒー）のか、あるいは特定の社会的場面によって強く発現するようなものであった（ヘテラルヒー）のかという点につい

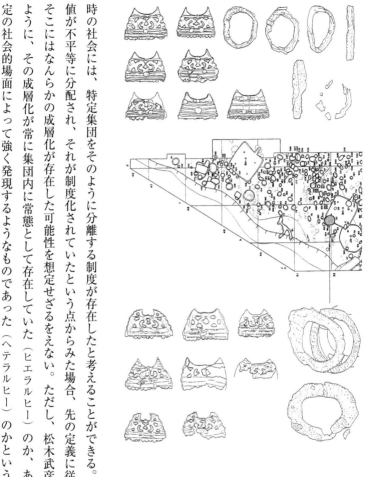

ては、さらなる検討が必要であろう（図42）（松木　二〇〇七）。

また、集団内における成層化が維持されるには、なんらかの形でその立場を引き継ぐ後継者が存在することが必要とされるが、後者のような成層化ならば、それは必ずしも世襲でなくても可能であるし、各層の内容は、必ずしも経済的不平等に基づく必要もない。もちろん各層の構成者が特定の家族である必要もない。その場合、それを先に定義を確認したような「階層」と呼んで

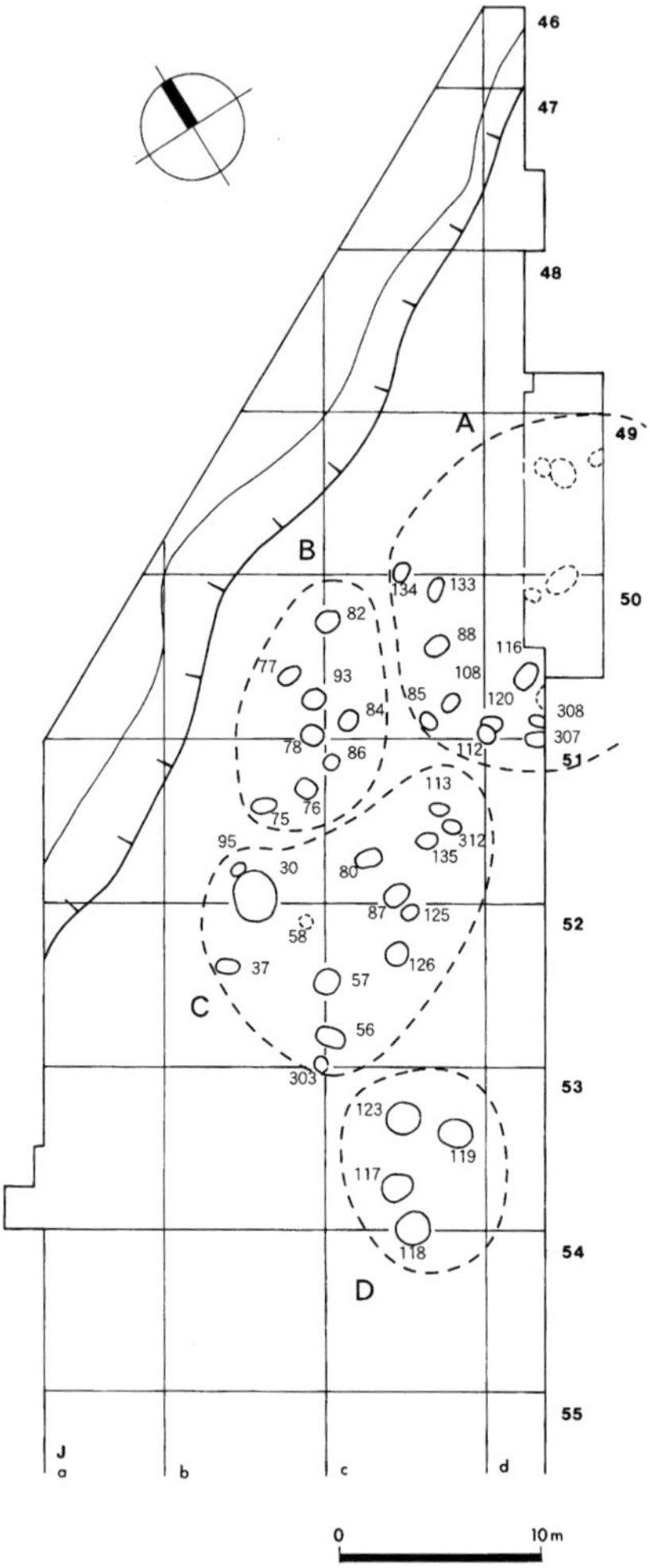

図41　カリンバ遺跡における埋葬小群のあり方（恵庭市教育委員会提供）

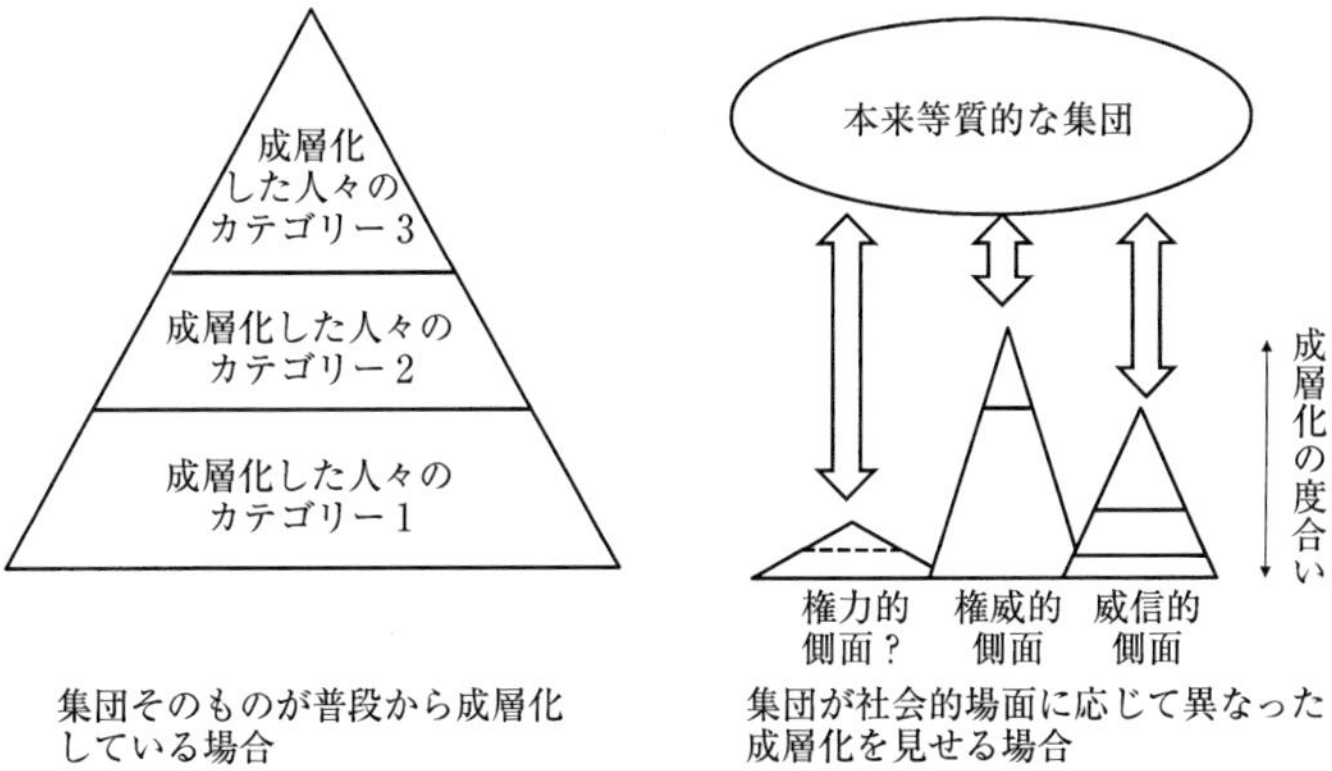

集団そのものが普段から成層化
している場合
集団が社会的場面に応じて異なった
成層化を見せる場合

図42　縄文時代における多頭社会の概念

よいものか、さらに検討を続けていく必要がある。

先に階層性の存在を考慮すべきとした北海道においても、晩期に入るとカリンバ遺跡にみられたような状況、すなわち特定集団の分離という状況は確認できなくなるようだ。このような遺跡のあり方は、北海道南部においては、後期段階において一時的に特殊な社会状況が現出したものの、それが長期にわたって継続・発展しなかったことを物語っている。縄文社会の複雑化という話をする場合、その進展が右肩上がりでかつ直線的となる社会像をイメージしてしまいがちであるが決してそうではなく、複雑化と単純化を繰り返し、脈動しながら、全体としては次第に複雑化していったというのが実態なのであろう。その意味では、縄文時代には、階層があったり、なかったりという結論になるのだろうか。そもそも、縄文時代の文化は地域や時期によって多様な変化をみせるものである。逆に、縄文時代ということで、ひとくくりにして考えてしまうことのほうが、問題なのかもしれない。この点を踏まえて縄文時代をどのように捉えるべきか、私もいろいろとは考えているが、この話はまた次の機会にしよう。

縄文時代の死生観――エピローグ

本書では、縄文時代における墓制の研究方法をまとめることからはじまり、老人と子供の埋葬例の考察を中心としながら、縄文時代の社会について考えてきた。本当に最後になったが、ここで本書において展開してきた墓制論の根幹をなす縄文時代の死生観について、現在の私の考えをまとめて、エピローグとしたい。

縄文的死生観

近年、多くの書籍やマスメディアなどを通して、死や葬式、墓などを取り上げた議論が多く見られるようになってきている。閉塞感のある世相を受けて、それだけ多くの人々が死生観について考える機会が増えたということなのであろうが、これらの議論の中には、多分に叙情的・商業的な側面を持つものも多く、ともすれば学術的と言いがたいものも存在する。しかし、もし現代における死生観について的確な考察を加えるのであれば、まずは日本人が本来どのような死生観を持っており、それはどのような変遷を経ているのか、その形成過程をしっかりと捉えておく必要がある。それが歴史的なものの見方というものだ。このような見地に立った場合、日本人が持っている根源的な死生観について考察を加えるためには、日本の基層文化である縄文時代の死生観について十分に知らなければならないことが自ずと理解されるだろう。

一方、昨今の死をめぐるさまざまな小説や映画、ドラマストーリーには、たとえば「千の風になって」・「もののけ姫」・「黄泉がえり」などのように、生と死のありかたを「回帰・再生・循環」という、いわば「縄文的死生観」のモチーフに基づきながら展開するものも多く見受けられる。「脳死」の問題からもわかるように、死に対する考え方がこれほど多様化している現在において、ことさら「縄文的死生観」が取り上げられるのは、何故であろうか。

再生・循環の死生観

本書において述べてきたように、縄文時代の基本的な死生観として、「回帰・再生・循環」という思想があった。このような死生観は、アイヌ民族などにみることのできる「送り場」の思想とリンクするものである。そのことを最も象徴的に表現しているのが土器棺墓や土器埋設遺構である。むしろ機能的な側面からみれば、土器棺墓は土器埋設遺構に含まれるということができる。土器埋設遺構内に埋納されたのは、人間の子供ばかりではなかった。先にも述べたように、この中にはイノシシ・シカ・イヌなどの動物の遺体の他、木の実・黒曜石・緑色凝灰岩製石斧などさまざまなものが入れられ、埋められたこともわかっている。これは一体どのような理由からであろうか。

一見してわかるように、これらの動植物や品々は、自然の恵みを生きる糧とする縄文時代の人々にとって、「より多くあってほしいもの」であった。「より多くあってほしいもの」への渇望は、豊饒・多量採集への祈願として具体的に行動化される。土器棺墓が「縄文的死生観」を具現化する施設であったのであれば、人間に対して適用された「回帰・再生・循環」の思想は、当然ながら「より多くあってほしいもの」に対しても応用されたことであろう。再生を願われたのは、なにもヒトばかりではなかった。このことは、縄文時代を通じて「回帰・再生・循環」という思想・世界観が存在しており、当時の人々が「回帰・再生・循環」という死生観を広く共有していたことを物語るものである。

そのような思想を基盤とした場合、当時の人々にとって新しい生命を生み出す「出産」とは、「回帰・再生・循環」の世界観を具体的に体感できる、きわめて象徴的な事象であっただろう。本書でも触れたように、出産時の事故等で亡くなった女性は、すべて特殊な埋葬方法で葬られている。妊娠・出産時に母親が死亡するという「事故」は、単に労働力が削減されるといった物理的損失だけにとどまらず、当時の人々の世界観の根本をなす「回帰・再生・循環」の環が絶たれるという、精神的にも危機的な出来事であった。妊産婦が特殊な方法によって埋葬されているということは、呪術的な対応策を講じることによって、この思想的危機を乗り越えようとしたのに他ならない。

もう一つの死生観
―系譜的死生観

縄文時代の墓には、いったんは個々の墓に埋葬した遺体を再び掘り起こし、何十体もの遺体を一箇所の墓に再埋葬したものが存在する。考古学的には多数合葬・複葬例と呼ばれるものであるが、この種の墓には乳児期以下の子供は一切葬られていない。このことは乳児期と幼児期では遺体の取り扱い方、ひいては生前の社会的位置付けが異なっていたことを意味する。

子供の埋葬例を集成してみると、幼児期以降の子供たちは葬法上、基本的には大人とほとんど区別されていない。このことは、幼児期以降の子供たちが特別に扱われることなく、大人と同じく集落・集団の構成員として認知されていたことを示すものである。したがって、多数合葬・複葬は、集落・集団構成員と認知されていた者が対象となった葬法であったと理解できるだろう。

また、多数合葬・複葬例は、出土人骨から採取されたＤＮＡの分析や、頭蓋形態非計測的小変異、歯冠計測法による分析、考古学的検討によって、複数の家族集団が一括して同じ墓に埋葬されたものであることが判明している。通常、縄文時代の墓地内にはいくつかの墓群が存在し、その墓群はおおよそ一つの家族構成員の埋葬地点と対応することがわかっている。このことを勘案すると多数合葬・複葬例は、縄文時代における伝統的な墓制からは外れた、特殊な葬法であったと捉えることができるだろう。

さらに、関東地方において多数合葬・複葬例が行われたのは、縄文時代後期初頭の時期にほぼ限定されることがわかっている。ちょうどこの頃は、それまでの大型集落が気候変動などにより一度分解し、少人数ごとに散らばって小規模な集落を営んだ後、再度人々が新規に結合し大型の集落が形成されるようになる時期にあたっている。これらの点から、私は多数合葬・複葬例を「集落が新規に開設される際に、伝統的な血縁関係者同士の墓をいったん棄却し、異なる血縁の人々と同じ墓に再埋葬することによって、生前の関係性を撤廃し新規に関係性を再構築するものであり、集団構造を直接的な血縁関係に基づくものから地縁的な関係性に基づくものへと再構成させる行為であった」と理解している（山田　二〇〇八b）。集落の新規統合が行われた時に、集団統合の儀礼、その象徴のモニュメントとして多数合葬・複葬が行われたのであろう。

多数の死者を祀ったモニュメントにおける集団的祭祀行為・葬送儀礼は、現在の盂蘭盆会《うらぼんえ》（お盆）などの集まりを見てもわかるように、帰属集団内の紐帯《ちゅうたい》を強化したはずである。そして、それは集団統合の象徴として自分たちの直接的な先祖を祀ることから、次第に自身のパーソナルメモリーから離れた先祖の祀り、祖霊崇拝へと連動していったことであろう。このような祖霊崇拝が成立するためには、自分たちが家系などの系譜において、どのような位置にいるのかを知る必要がある。このことは、自己の歴史的俯瞰を行い、時間的変遷の中に自分自身を位置付ける行

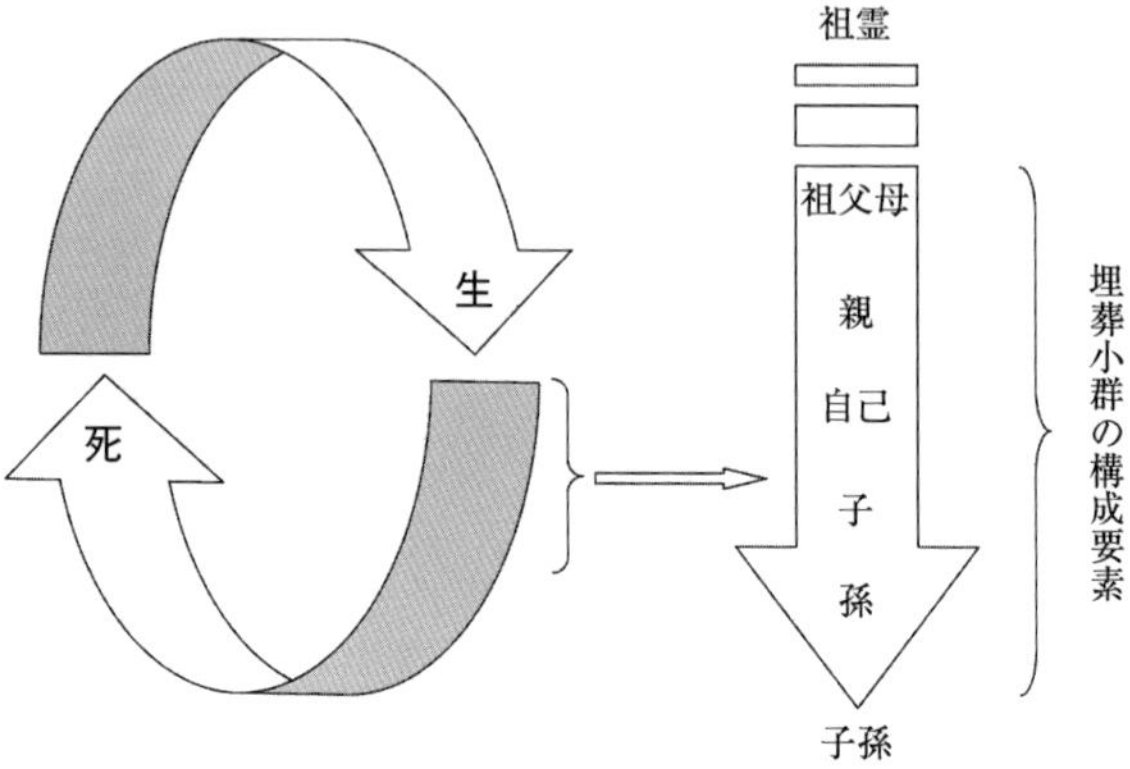

図43　縄文時代の死生観

為でもある。遅くとも縄文時代の後半期には、このような形で系譜的な結びつきを重要視する祖霊崇拝という新たな思想が成立していたのである。このような、自身の歴史的立ち位置を時間軸に対して直線的に理解するという死生観（系譜的死生観）は、先の「回帰・再生・循環」の死生観とは大きく異なるものであった。

近代日本社会成立期にみる二つの死生観

縄文時代には、「回帰・再生・循環」といういわば円運動をする死生観と、自身の歴史的立ち位置を直線的に捉える「系譜的死生観」の二つが存在した（図43）。「回帰・再生・循環の死生観」とは、根本的には自分自身が姿形を変化させながら自然の中を循環していくという死生観であり、柳田国男の「先祖の話」にもみることができるように、その後の伝統社会においても、長く日本人の心の中に存在してきたものである（柳田　一九四六）。

一方、伝統社会には「名成り功を遂げて、家の初代・御先祖になる」という願望も強く存在したことが、柳田国男らの指摘によって明らかにされている。「家の初代」・「先祖」をことさら重要視する考え方は、まさに系譜的死生観の存在を前提としたものである。ここからは伝統社会においても、先の二つの死生観が共存していたことを読み取ることができる。

過去において日本人はさまざまな「死後の世界」をイメージし、描いてきた。現在も死後の世界としてイメージされる地獄などは、一〇世紀半ばに源信《げんしん》によって書かれた『往生要集《おうじょうようしゅう》』の影響が強いと思われる。中世以降、さまざまな「地獄絵図」が描かれ、人間が亡くなった後に赴く「他界」の存在が強調されるようになるが、その一方で「輪廻転生《りんねてんせい》」の言葉にもあるように、「他界」の存在は必ずしも「回帰・再生・循環」を否定するものではなかった。江戸時代までの伝統的な社会において主要なパラダイムとなった仏教的思想は、「回帰・再生・循環」という死生観を否定するものではなく、むしろ共通の基盤を持っていたといえるだろう。

しかしながら、日本において近代国家が誕生していく過程において、国民を統制する観点から、イエ制度など新たな「伝統」の確立、天皇家を頂点とするイエ制度による国家体制が整備されるようになると、それを思想的に基盤付ける「系譜的な死生観」が強く必要とされたことが、昨今の現代史の研究によって明らかとされている。その一方で、多くの在来的な思想は明治期において「非科学的」・「迷信」として切り捨てられていった。「回帰・再生・循環」という死生観もその一つであったことは、記憶しておく必要があるだろう。

近年における「縄文的死生観」の復権

先に述べたように、「生まれ変わる」「生き返る」といった考え方は、エントロピーの法則など近代科学的思考の中でしばしば否定されてきた。しかしながら、生まれ変わりの思想を歌った「千の風になって」は、近年まれにみる大ヒット曲となった。このことは、現代の日本人の心の中に、「回帰・再生・循環」という死生観がいまだに存在し続けており、多くの人々が歌詞に共感したことを意味している。

その一方で、系譜的な死生観に基づく墓のあり方（死んだら○○家の墓に入り、子孫たちに供養してもらう）は、核家族化や従来の家族観の解体、婚姻形態の多様化にともなって、そのあり方を大きく変容させようとしている。このことは、都市部をはじめ各地における墓の維持がきわめて困難になっている現状からも読み取ることができるし、また従来の系譜的死生観からは逸脱する、「自然に帰る」ことを旨とする「自然葬」（散骨や樹木葬なども含む）といった葬法が、近年取りざたされていることからも理解できよう。

「自然葬」がそのニーズを伸ばしている背景としては、特に都市部等において墓の新規造営および維持が困難になっているという現実的側面の他に、現代社会における閉塞感や家族観の変化、既存の宗教に対する絶望感、「死」＝「無」と捉える近代科学的思考に対する不信感、さらには死そのものがなかなか見えなくなっているという遮蔽性からくる不安感などの精神的な側面も考慮する必要がある。

しかしながら、「自然葬」のような葬法に対して、まだまだ一般社会・宗教界における抵抗感も強く存在することも事実である。したがって、「自然葬」を行うにあたっては何らかの精神的な拠り所が希求されており、その際の「受け皿」として、「千の風になって」にみられるような「回帰・再生・循環」という「縄文的死生観」が機能しているということは想像に難くない。少なくとも、「縄文的死生観」が、近年の〝ロハス〟や〝自然〟、〝スピリチュアル〟ブームともあいまって精神的拠所として台頭・復権し、私たちの心の中で機能し始めていることは間違いではないだろう。このことは、考古学の研究成果が、今後終末期医療などとリンクして、現代的な「死」に関する諸問題にコミットできる可能性を示している。考古学の現代的意義の一端を示したところで本書の擱筆としたい。

あとがき

考古学という学問の扉を叩いてから、早くも三〇年の月日が流れた。以前にも書いたことだが、当初は縄文土器の研究を志し、文様の施文順序や縄目ばかり追いかけていた私が、縄文時代の墓制や社会、精神文化の研究へと転じたのは、学生時代に体験した海外調査の影響が大きかった。日本国内では体験できないような、人間のたくましさ、多様性を目の当たりにした時、私は考古学的資料そのものから人間についての情報を引き出すことに限界を感じ、人類学をはじめとする近接領域の学問を学ぶことの大切さを知った。その後、人類学的情報を横目で見ながら縄文時代の墓制や社会の研究を進めるという自身の研究スタイルを確立させていったのだが、それから考えても、もう二〇年が経過しようとしている。すでに人生は折り返した。やるべきことは山積されている。まったくもって「老い易く、学成り難し」である。

これまでの間に多くの資料に出会い、これを読み解く努力を続けてきた。時には、「まったく、考古学者と天文学者は……」などと揶揄されたこともあったし、「昔の人より、今の人！」と言われたこともあったが、その都度なぜ調査が必要なのか、考古学という学問がなぜ重要なのか、一生懸命に説明してきたつもりである。さらには、このような文化的営みを支える知的好奇心こそが、ホモ・サピエンスを人たらしめる大きな特徴であり、過去を知りたいと思うことは最も人らしい行為の一つなのだということも、機会を捉えては話をしてきた。その一方で、多くの遺跡や遺物の報道があるにも関わらず、現代社会とのつながりという面で一般の方々の琴線に触れ、かつ考古学の存在意義を訴える研究者側からの情報発信が、実はあまり多くはないのだということも痛感した。これまでにも幾人もの方々がされてきたことではあるが、やはり学問・研究と現代社会を結びつける仕事は必要だと思う。自分もたいしたことはできないが、できる範囲でいろいろ努力をしてみたい。そのことも、本書を執筆した動機の一つである。

本書は私のこれまでの研究成果の一部であり、その内容には現在私が勤務する国立歴史民俗博物館における第一展示室の新構築（展示リニューアル、平成三〇年度開室予定）、大テーマⅡ「多様な縄文世界」という展示のバックボーンとなるものが含まれている。

本書の第1章「なぜ墓を研究するのか」は、以前私が勤務していた島根大学において講義を行っていた「考古学概論」・「考古学特論」の内容の一部が基となっている。第2章「縄文の子供たちと家族」は、『日本考古学』第4号に掲載された「縄文時代の子供の埋葬」と『動物考古学』第1・8号、比較民俗研究第8号に掲載されたイヌ関連の論文「縄文時代におけるイヌの用途と飼育形態」、「縄文家犬用途論」および研究ノート「縄文時代のイヌ」を下敷きとして、新たに書き下ろしたものである。第3章の「「老人」の考古学」は、『考古学』Ⅳに掲載された「「老人」の考古学」を、第4章「縄文階層化社会と「老人」と子供」は、考古学研究会第56回総会研究集会報告における発表「縄文時代における階層性と社会構造―研究史的理解と現状」をそれぞれ基として新規に論じたものである。プロローグには、私の現在の研究と目指す方向性を、エピローグには、研究の一定の到達点として私が考える縄文時代の死生観のあり方を述べてみた。本書が縄文時代の人々の社会や精神文化を明らかにし、ひいては現代社会における様々な問題を考えるきっかけとなるならば、本望である。

なお本書を刊行するにあたり、吉川弘文館の一寸木紀夫さん、高尾すずこさんには大変お世話になった。なかなか筆の進まない私を、辛抱強くお待ち頂いたことに感謝したい。

二〇一四年四月二日　福岡行便の機上にて

山田康弘

参考文献

※文中に掲げたものは省略した。

相原淳一　二〇一一「宮城県気仙沼市前浜貝塚土壙墓の再検討―特に、埋葬人骨と犬骨の関係について―」『東北歴史博物館研究紀要』第一二号
青柳まちこ　二〇〇四「老いの人類学」青柳まちこ編『老いの人類学』世界思想社
青柳まちこ編　二〇〇四『老いの人類学』世界思想社
P・アリエス（杉山光信・杉山恵美子訳）一九六〇『〈子供〉の誕生』みすず書房
伊東光晴・河合隼雄・副田義也・鶴見俊輔・日野原重明編　一九八六『老いの発見』岩波書店
上屋真一編　二〇〇三『カリンバ3遺跡』恵庭市教育委員会
江坂輝彌　一九七〇「縄文時代における犬の埋葬骨格」『考古学ジャーナル』第四〇号
M・エリアーデ（堀一郎訳）一九七一『生と再生』東京大学出版会
岡田康博　二〇〇〇『遥かなる縄文の声　三内丸山遺跡を掘る』NHKブックス八四四、日本放送出版協会
大林太良　一九七一「縄文時代の社会組織」『季刊人類学』第二巻第二号
大林太良　一九七七『葬制の起源』角川書店
岡村道雄編　一九八二『里浜貝塚―西畑地点―』Ⅰ、東北歴史資料館

岡村道雄　一九九三　「埋葬にかかわる遺物の出土状態からみた縄文時代の墓葬礼」『論苑考古学』天山舎
小川　望　一九九三　「縄文時代の大型住居は集会所か」鈴木公雄・石川日出志編『新視点日本の歴史』第一巻、新人物往来社
忍澤成視　一九九三　「縄文時代後・晩期の装飾観念―市原市西広貝塚出土の骨角貝製装身具を中心として―」『市原市文化財センター研究紀要Ⅱ』（財）市原市文化財センター
大藤ゆき　一九六八　『児やらい』岩崎美術社
岡本　勇　一九五六　「埋葬」『日本考古学講座』第三巻、河出書房
折口信夫　一九二三　「翁の発生」『民俗芸術』第一巻第一・三号
恩賜財団母子愛育会編　一九七五　「乳幼児の死亡」『日本産育習俗集成』、第一法規出版
海部陽介　二〇〇五　『人類がたどってきた道』ＮＨＫブックス一〇二八、日本放送出版協会
金関　恕　一九六九　「弥生の社会」『日本の歴史』第1巻、学習研究社
金子浩昌　一九七六　「自然遺物」永松実他編『小山台貝塚』図書刊行会
金子浩昌　一九八三　「狩猟対象と技術」『縄文文化の研究』第二巻　生業、雄山閣
金子浩昌　一九八七　「縄文人にいつくしまれたイヌ」『アニマ』第一七二号
金子浩昌　一九八九　「縄文時代の犬」『考古学ジャーナル』第三〇三号
加納　実　二〇一二　「土坑の機能類推に関わる一視点」『縄文時代』第二三号
菊池　実　一九八〇　「縄文時代人骨収納甕棺集成（一）、（二）」『考古学の世界』第一・二号

木村邦彦　一九七九　『人類学講座』第八巻、雄山閣
木下　忠　一九八一　『埋甕』雄山閣
清野謙次　一九二四　『日本原人の研究』岡書院
清野謙次　一九六九　『日本貝塚の研究』岩波書店
忽那敬三　二〇〇六　「手形・足形付土製品の性格」『掘り出された子どもの歴史』明治大学博物館
J・グドール（杉山幸丸・松沢哲郎監訳）　一九九〇　『野生チンパンジーの世界』ミネルヴァ書房
J・グドール（河合雅雄訳）　一九九六　『森の隣人　チンパンジーと私』朝日選書五六三、朝日新聞社
小金井良精　一九二三　「日本石器時代の埋葬状態」『人類学雑誌』第三八巻第一号
甲元眞之　一九七五　「弥生時代の社会」『古代史発掘』第四巻、講談社
小杉　康　一九九一　「縄文時代に階級社会は存在したのか」『考古学研究』第三七巻第四号
後藤守一　一九五二　「上代に於ける貴族社会の出現」日本人類学会編『日本民族』、岩波書店
小林達雄　一九八八　「日本文化の基層」『日本文化の源流』学生社
小林　克　一九九七　「東北地方北部縄文時代の墓制」『考古学ジャーナル』第四二二号
小宮　孟　一九九二　「千葉県木戸作貝塚における切断加工痕のあるイヌ下顎骨」『千葉県立中央博物館人文科学研究報告』第二巻第一号
小山修三　一九九六　『縄文学への道』NHKブックス七六九、日本放送出版協会
小山修三・岡田康博　二〇〇〇　『縄文時代の商人たち』洋泉社
坂詰秀一　一九五八　「縄文文化に於ける甕棺葬の基礎的研究」『立正大学文学部論叢』第九号

酒詰仲男　一九六一『日本縄文石器時代食料総説』土曜会
酒詰仲男・篠遠喜彦・平井尚志編　一九五一『考古学事典』改造社
佐々木高明　一九九一『日本の歴史一　日本史誕生』集英社
佐々木藤雄　二〇〇二「環状列石と縄文式階層社会」『縄文社会論』(下)、同成社
佐々木藤雄　二〇〇五「縄文と弥生、階層と階級」『異貌』第二三号
佐原　真　一九八五「奴隷をもつ食料採集民」『歴史公論』第一一四号、雄山閣
佐原　真・小林達雄　二〇〇一『世界史のなかの縄文』新書館
茂原信生　一九九三「人骨の形質」平林彰編『北村遺跡』(財)長野県埋蔵文化財センター
茂原信生　一九九四「城ノ台南貝塚出土の縄文時代早期人骨」岡本東三編『城ノ台南貝塚発掘調査報告書』千葉大学考古学研究室
茂原信生・小野寺覚　一九八四「田柄貝塚出土の犬骨について」『人類学雑誌』第九二巻第三号
設楽博己　一九九三「縄文時代の通過儀礼にはどのようなものがあったのか」鈴木公雄・石川日出志編『新視点日本の歴史』第一巻、新人物往来社
鈴木隆雄　一九九九「本当になかったのか縄文人の集団的戦い」『最新　縄文学の世界』朝日新聞社
C・ストリンガー・C・ギャンブル（河合信和訳）一九九七『ネアンデルタール人とは誰か』朝日選書五七六、朝日新聞社
C・ストリンガー・R・マッキー（河合信和訳）二〇〇一『出アフリカ記　人類の起源』岩波書店
諏訪元・佐宗亜衣子　二〇〇六「縄文の骨」諏訪元・洪恒夫編『アフリカの骨　縄文の骨―遥かラミ

ダスを望む―』東京大学総合博物館
清藤一順編　一九八一　『矢作貝塚』（財）千葉県文化財センター
瀬川拓郎　一九八〇　「『環状土籬』の成立と解体」『考古学研究』第二七巻第三号
関沢まゆみ　二〇〇三　『隠居と定年―老いの民俗学的考察―』臨川書店
R・ソレッキ（香原志勢・松井倫子訳）　一九七七　『シャニダール洞窟の謎』蒼樹書房
高倉洋彰　一九七三　「墳墓から見た弥生時代社会の発展過程」『考古学研究』第二〇巻第二号
田中茂穂　一九〇四　「紀念遠足会採集品中動物諸類に就て」『東京人類学雑誌』第二二四号
田中　琢　二〇〇二　「考古学」『日本考古学辞典』三省堂
田中良之　一九九八　「出自表示論批判」『日本考古学』第五号
谷口康浩　二〇〇八　「親族組織・出自集団」『縄文時代の考古学』第一〇巻
高橋龍三郎　二〇〇一　「総論：村落と社会の考古学」『現代の考古学』第六巻、朝倉書店
高橋龍三郎　二〇〇二　「縄文時代後・晩期社会の複合化と階層化過程をどう捉えるか―居住構造と墓制からみた千葉県の遺跡例の分析―」『早稲田大学大学院文学研究科紀要』第四七巻第四号
高橋龍三郎　二〇〇三　「縄文後期社会の特質」『縄文社会を探る』学生社
高橋龍三郎　二〇〇四　『縄文文化研究の最前線』早稲田大学
V・G・チャイルド（近藤義郎訳）　一九六四　『考古学の方法』河出書房
E・ツィーメン（白石哲訳）　一九七七　『オオカミとイヌ』思索社
塚原正典　一九八九　「縄文時代の配石遺構と社会組織の復元」『考古学の世界』

辻誠一郎　二〇〇〇「第8章　生態系の復元」辻誠一郎編『考古学と植物学』考古学と自然科学第三巻、同成社
都出比呂志　一九七〇「農業共同体と首長権─階級形成の日本的特質─」『講座日本史』第一巻、東京大学出版会
J・ディーツ（関俊彦訳）　一九八八『考古学への招待』雄山閣
坪井正五郎　一八九四「人類学と近似諸学の区別」『東京人類学会雑誌』第一〇一号
土岐仲雄・竹下次作　一九三六「神奈川県都筑郡中川村山田字西ノ谷貝塚に於ける埋葬されたる犬の全身骨格発掘に就いて」『史前学雑誌』第八巻二号
富田紘一　一九九三「熊本市上南部遺跡出土の焼成粘土塊について」『縄文時代』第四号
中村　大　一九九三「秋田県柏子所貝塚からみた亀ヶ岡文化」『考古学ジャーナル』第三六八号
中村　大　一九九九「墓制から読む縄文社会の階層化」『最新　縄文学の世界』朝日新聞社
長岡史起　一九九九「遺構研究　貯蔵穴」『縄文時代』第一〇号第三分冊
西田正規　一九八六『定住革命』新曜社
西本豊弘　一九八三「イヌ」『縄文文化の研究』第二巻　生業、雄山閣
西本豊弘　一九九四「イヌと日本人」藤本強編『考古学は楽しい』日本経済新聞社
西本豊弘　一九九五「縄文人と弥生人の動物観」『国立歴史民俗博物館研究報告』第六一集
橋本博文　一九九二「古墳時代後期の政治と宗教─人物・動物・埴輪にみる政治と宗教─」『日本考古学協会一九九二年度大会研究発表要旨』日本考古学協会

長谷部言人　一九一九　「石器時代人の抜歯に就て」『人類学雑誌』第三四巻第一一・一二号
長谷部言人　一九二七　「石器時代の死産児甕葬」『人類学雑誌』第四二巻第八号
長谷部言人　一九五二　「犬骨」斎藤忠編『吉胡貝塚』吉川弘文館
濱田耕作　一九二二　『通論考古学』大鐙閣
濱田耕作・島田貞彦・長谷部言人　一九二一　『薩摩国出水郡出水町尾崎貝塚調査報告』京都帝国大学文学部考古学研究報告第六冊
林　謙作　一九七七　「縄文期の葬制　第Ⅱ部　遺体の配列、とくに頭位方向」『考古学雑誌』第六三巻三号
林　謙作　一九七九　「縄文期の村落をどうとらえるか」『考古学研究』第二六巻第三号
林　謙作　一九八〇　「東日本縄文期墓制の変遷（予察）」『人類学雑誌』第八八巻第三号
林　謙作　一九九八　「縄紋社会は階層社会か」『古代史の論点』第四巻、小学館
春成秀爾　一九七三　「抜歯の意義（一）」『考古学研究』第二〇巻第二号
春成秀爾　一九七九　「縄文晩期の婚後居住規定」『岡山大学法文学部学術紀要』第四〇号（史学篇）
春成秀爾　一九八〇　「縄文合葬論」『信濃』第三二巻第四号
春成秀爾　一九八一　「縄文時代の複婚制について」『考古学雑誌』第六七巻第二号
春成秀爾　一九八五　「子供の考古学」『歴博』第一〇号
春成秀爾　一九八八　「埋葬の諸問題」小野田勝一他編『伊川津遺跡』、渥美町教育委員会
藤本十四秋　一九八三　『臨床人体発生学』南江堂

J・フレイザー（永橋卓介訳）　一九六六　『金枝篇（一）』岩波書店
A・V・ヘネップ（秋山さと子・彌永信美訳）　一九七七　『通過儀礼』、思索社
保坂和彦・松本晶子・マイケル・A・ハフマン・川中健二　二〇〇〇　「マハレの野生チンパンジーにおける同種個体の死体に対する反応」『霊長類研究』第一六巻第一号
S・ボーヴォワール（朝吹三吉訳）　一九七二　『老い』人文書院
松木武彦　二〇〇七　『列島創世記』全集日本の歴史第一巻、小学館
B・マリノウスキー（泉靖一・蒲生正男・島澄訳）　一九七一　『未開人の性生活』、新泉社
水原洋城　一九八八　『猿学漫才　ニホンザル、人間を笑う』、光文社
水野正好　一九六八　「環状組石墓群の意味するもの」『信濃』第二〇巻第四号
宮崎泰史　一九八一　「巨摩廃寺より出土した咬痕のみられる土器片について」（財）大阪文化財センター編『巨摩・瓜生堂』大阪府教育委員会
宮田　登　一九九六　『老人と子供の民俗学』白水社
宮本博人　一九二五　「津雲貝塚人の抜歯風習に就て」『人類学雑誌』第四〇巻第五号
最上孝敬　一九六〇　「子墓をめぐって―子供の葬法と墓制―」『民俗』第四〇号
森田茂・服部恒明・河野徹　一九七三　「日本人胎児の長骨長による頭殿長の推定」『東京慈恵医科大学雑誌』第八八号
八木奘三郎　一八九八　『日本考古学』愛善社
山崎京美　一九八五　「縄文文化におけるイヌの埋葬について」『国学院雑誌』第八六巻二号

柳田国男　一九一〇『遠野物語』
柳田国男　一九四六『先祖の話』筑摩書房
山内清男　一九三九『日本遠古の文化』
山田康弘　一九九四ａ「縄文時代の妊産婦の埋葬」『物質文化』第五七号
山田康弘　一九九四ｂ「縄文時代のイヌ―その役割を中心に―」『比較民俗学研究』第九号
山田康弘　一九九五「多数合葬例の意義」『考古学研究』第四二巻第二号
山田康弘　一九九六「縄文時代の大人と子供の合葬」『考古学雑渉―西野元先生退官記念論集―』
山田康弘　一九九七「縄文時代の子供の埋葬」『日本考古学』第四号
山田康弘　一九九九「縄文人骨の埋葬属性と土壙長」『筑波大学先史学・考古学研究』第一〇号
山田康弘　二〇〇二『人骨出土例の検討による縄文時代墓制の基礎的研究』平成一一・一三年度科学研究費補助金（奨励研究Ａ）研究成果報告書
山田康弘　二〇〇三「『子供への投資』に関する基礎的研究―縄文階層社会の存否をめぐって―」『関西の住居と墓地・生業』関西縄文論集一
山田康弘　二〇〇四「縄文時代の装身原理」『古代』第一一五号
山田康弘　二〇〇五「北米北西海岸における先史時代の墓制」『縄文時代』第一六号
山田康弘　二〇〇六「「老人」の考古学―縄文時代の埋葬例を中心に―」『考古学』Ⅳ
山田康弘　二〇〇七「土器を埋める祭祀」椙山林継他編『原始・古代日本の祭祀』雄山閣
山田康弘　二〇〇八ａ『人骨出土例にみる縄文の墓制と社会』同成社

山田康弘　二〇〇八b　『生と死の考古学　縄文時代の死生観』東洋書店
山田康弘　二〇〇九　「縄文文化と弥生文化」『弥生時代の考古学』一、同成社
山田康弘　二〇一〇　「「酒詰仲男「昭和一六年七月保美貝塚発掘日録」」『渥美半島の考古学』田原市教育委員会
山本暉久　一九九一　「縄文時代の文化研究とエスノアーケオロジー—最近の動向をめぐって—」『縄文時代』第二号
横山浩一　一九七五　「自然と人間」『日本生活文化史』一、河出書房新社
渡辺　誠　一九七四　「縄文時代甕棺の基礎的研究一」『考古学論叢』第二号
和仁浩明　一九九九　『離乳の食文化』中央法規

英文

Ames, K. M. and Maschner, H. D. G.(1999), *Peoples of The Northwest Coast: Their Archaeology and Prehistory*, Thames and Hudson.
Foner, N.(1984), *Ages in Conflict: A Cross-Cultural Perspective on Inequality Between Old and Young*, Columbia University Press.
Glascock, A. & Feinman, S.(1981), “Social Asset or Social Burden: Treatment of the Aged In Non-Industrial Societies” Fry, C. & eds., *Dimensions: Aging, Culture and Health*, Praeger Publishers.
Howell, N.(1979), *Demography of the Dobe !Kung*, London, Academic Press.

Moss, C. (1988), *Elephant memories: thirteen years of life in an elephant family*, Morrow and Company.

Murdock, G. P. (1965), "Comparative Data on the Division of Labor by Sex" CULTURE AND SOCIETY, University of Pittsburgh Press.

Nakahashi, Takahiro and Nagai, Masafumi (1986), "Preservation of Human Bones in Prehistoric and Historic Sites of Western Japan" ASIAN PERSPECTIVES V. 27-1.

Pettitt, P. (2010), *The Palaeolithic origins of Human Burial*, Routledge.

Simmons, L. (1945), *The Role of the Aged in Primitive Society*, Yale University Press.

著者紹介

一九六七年、東京都に生まれる
一九九四年、筑波大学大学院博士課程歴史人類学研究科中退、博士（文学）
熊本大学文学部助手、土井ヶ浜遺跡・人類学ミュージアム学芸員、島根大学法文学部准教授、同大教授を経て
現在、国立歴史民俗博物館准教授

主要著書
『人骨出土例にみる縄文の墓制と社会』（同成社、二〇〇八年）
『生と死の考古学―縄文時代の死生観―』（東洋書店、二〇〇八年）

歴史文化ライブラリー
380

老人と子供の考古学

二〇一四年（平成二十六）七月一日　第一刷発行

著　者　山《やま》田《だ》康《やす》弘《ひろ》
発行者　吉川道郎
発行所　株式会社 吉川弘文館
東京都文京区本郷七丁目二番八号
郵便番号一一三―〇〇三三
電話〇三―三八一三―九一五一〈代表〉
振替口座〇〇一〇〇―五―二四四
http://www.yoshikawa-k.co.jp/
印刷＝株式会社 平文社
製本＝ナショナル製本協同組合
装幀＝清水良洋・李　生美

歴史文化ライブラリー

1996.10

刊行のことば

現今の日本および国際社会は、さまざまな面で大変動の時代を迎えておりますが、近づきつつある二十一世紀は人類史の到達点として、物質的な繁栄のみならず文化や自然・社会環境を謳歌できる平和な社会でなければなりません。しかしながら高度成長・技術革新にともなう急激な変貌は「自己本位な刹那主義」の風潮を生みだし、先人が築いてきた歴史や文化に学ぶ余裕もなく、いまだ明るい人類の将来が展望できていないようにも見えます。このような状況を踏まえ、よりよい二十一世紀社会を築くために、人類誕生から現在に至る「人類の遺産・教訓」としてのあらゆる分野の歴史と文化を「歴史文化ライブラリー」として刊行することといたしました。

小社は、安政四年（一八五七）の創業以来、一貫して歴史学を中心とした専門出版社として書籍を刊行しつづけてまいりました。その経験を生かし、学問成果にもとづいた本叢書を刊行し社会的要請に応えて行きたいと考えております。

現代は、マスメディアが発達した高度情報化社会といわれますが、私どもはあくまでも活字を主体とした出版こそ、ものの本質を考える基礎と信じ、本叢書をとおして社会に訴えてまいりたいと思います。これから生まれでる一冊一冊が、それぞれの読者を知的冒険の旅へと誘い、希望に満ちた人類の未来を構築する糧となれば幸いです。

吉川弘文館

著者略歴

1967 年、東京都に生まれる
1994 年、筑波大学大学院博士課程歴史人類学研究科中退、博士（文学）
島根大学法文学部教授、国立歴史民俗博物館教授を経て
現在、東京都立大学人文社会学部教授

〔主要著書〕

『人骨出土例にみる縄文の墓制と社会』（同成社、2008 年）
『つくられた縄文時代―日本文化の原像を探る―』（新潮社、2015 年）
『縄文人の死生観』（KADOKAWA、2018 年）
『縄文時代の歴史』（講談社、2019 年）

〈オンデマンド版〉
老人と子供の考古学

On Demand
歴史文化ライブラリー
380

2022 年（令和 4）10 月 1 日　発行

著　者　山《やま》田《だ》康《やす》弘《ひろ》
発行者　吉 川 道 郎
発行所　株式会社　吉川弘文館
〒 113-0033　東京都文京区本郷 7 丁目 2 番 8 号
TEL　03-3813-9151〈代表〉
URL　http://www.yoshikawa-k.co.jp/

印刷・製本　大日本印刷株式会社
装　幀　清水良洋・宮崎萌美

山田康弘（1967 ～）

ISBN978-4-642-75780-5